A TERCEIRA ONDA DA INTERNET

Steve Case Cofundador da AOL e CEO da Revolution

A TERCEIRA ONDA DA INTERNET

COMO REINVENTAR OS NEGÓCIOS NA ERA DIGITAL

Tradução: **Lizandra M. de Almeida**

Uma publicação da hsm EDUCAÇÃO EXECUTIVA

A Terceira Onda da Internet – Como Reinventar os Negócios na Era Digital

The Third Wave: An Entrepreneur's Vision of the Future

Editora-chefe: Adriana Salles Gomes
Editora: Lindsay Gois
Tradução: Lizandra M. de Almeida
Preparação de texto: Silvio Fudissaku
Revisão: João Paulo Putini, Lindsay Gois e Márcia Menin
Diagramação: Carlos Borges Jr.
Capa: Pedro Ursini e Hermes Ursini
Índice remissivo: Marco Mariutti

1ª edição

Dados Internacionais de Catalogação na Publicação (CIP)
Andreia de Almeida CRB-8/7889

Case, Steve
Terceira onda da internet : a reinvenção dos negócios na era digital / Steve Case ; tradução de Lizandra Magon de Almeida. -- São Paulo : HSM, 2017.
260 p.

Bibliografia
ISBN 978-85-67389-84-4
Título original: The third wave

1. Indústria da internet 2. Comércio eletrônico 3. AOL 4. Serviços de informação online - História 5. Inovações disruptivas I. Título II. Almeida, Lizandra Magon de.

17-0022 CDD 338.761

Índices para catálogo sistemático:

1. Indústria da internet

hsm
EDUCAÇÃO EXECUTIVA

Alameda Tocantins, 125 – 34º andar
Barueri-SP. 06455-020
Vendas Corporativas: (11) 3039-5605
ou atendimento@revistahsm.com.br

Para os empreendedores que me inspiram com sua luta
para mudar o mundo

Escale mais alto,
Escale para longe,
Sua meta, o céu,
Seu objetivo, as estrelas.

MARK HOPKINS

PREFÁCIO ESPECIAL PARA A EDIÇÃO BRASILEIRA

Por Pedro Waengertner*

Quando comecei minha carreira, ao mesmo tempo que a internet comercial chegou no Brasil, eu me tornei um ávido estudante de tudo que estava acontecendo no Vale do Silício. Isso, muito antes de o Vale do Silício ser "O Vale", a Disneylândia do empreendorismo tecnológico mundial. Tendências, tecnologia, pessoas, eu consumia tudo o que via pela frente. Felizmente a internet me dava acesso ao mesmo conteúdo consumido lá. Tenho até hoje o caderno em que anotava todos os conceitos novos que aprendia e tentava aplicar na minha empresa e em nossos clientes.

Assim, consegui testemunhar a força e influência da America Online (AOL), o que poucos empreendedores da nova geração puderam fazer. Em um dado momento, praticamente toda a internet comercial norte-americana rodava na infraestrutura do gigante da internet. Usando os conceitos de Case, a AOL foi um exemplo de empresa da primeira onda, que pavimentou o terreno para o que estamos experimentando no mundo atual.

Lembro-me como se fosse hoje de quando foi anunciada a fusão (ou aquisição) entre a AOL e a Time Warner, em 2000. Todos ficaram estupefatos quando, logo após o estouro da bolha ponto.com, foi anunciado um dos maiores negócios entre empresas de todos os tempos. Lembro-me do rosto de seu fundador e CEO, Steve Case, em praticamente todos as revistas da época. A fusão não deu certo e hoje é estudo de caso para estudantes de MBA. A visão por trás da movimentação fazia todo o sentido, mas, como Case reforça no livro, pessoas e cultura acabam destruindo planejamentos.

O mesmo movimento empreendedor que Case tanto influenciou nos Estados Unidos surgiu no Brasil, mas há muito pouco tempo. Quando eu e o Mike Ajnsztajn, meu sócio, criamos o Zuppa, em 2010, praticamente não havia ecossistema ativo no País. As reuniões de empreendedores eram raras e geralmente reuniam todos os existentes em um espaço pequeno.

Quando decidimos montar a Aceleradora de Startups ACE (na época Aceleratech), em 2012, ainda estávamos engatinhando, com poucas outras aceleradoras no Brasil. Rapidamente, os diversos atores do ecossistema empreendedor brasileiro começaram a surgir e se estabelecer, inicialmente no eixo Rio–São Paulo.

Ainda em 2012, o País pouco falava e pouco entendia sobre o impacto potencial das startups em nosso futuro. Todo o apoio empreendedor era voltado às empresas tradicionais, aquelas que têm crescimento linear e mais lento, geralmente baseadas em mercados consolidados. As pessoas achavam startups "bonitinhas", "divertidas", "cool", mas sem necessariamente entender a sua importância. Essa foi uma das principais razões pelas quais eu e Mike decidimos encarar o desafio de impactar a economia do País com inovação em tecnologia.

O começo não foi fácil. Tínhamos poucos empreendedores, investidores, mentores, pouca matéria-prima da que faz uma startup se desenvolver. Tivemos de lutar com os soldados que tínhamos e aprendemos um bocado. Aprendemos que os elementos para fazer uma startup bem-sucedida são diferentes daqueles das empresas tradicionais, mas principalmente que o elemento básico e fundamental é o talento do empreendedor.

É muito fácil nos perdermos nas teses de investimento e nos apaixonarmos por determinado negócio ou mercado. Sem um excelente empreendedor à frente do negócio, nada avança. E aprendemos que para criar uma startup de sucesso basicamente precisamos de dois elementos: um time fora de série e um mercado muito grande. Preferencialmente, de mais de R$ 1 bilhão. Todas as outras questões se resolvem.

Desde 2012 já aceleramos mais de 100 startups, do Brasil e do mundo. Oito delas já foram vendidas para grandes empresas nacionais e internacionais, gerando empreendedores ainda mais experientes e com capital para financiar seus próximos negócios e outros empreendedores. São os chamados "exits", as saídas.

Começamos a ver a roda virtuosa girar, gerando resultados que nunca imaginávamos. Várias grandes companhias começaram a nos procurar para descobrir como se comportar neste mundo louco da inovação disruptiva e evolução exponencial. Criamos a ACE Corp e hoje aproximamos startups das grandes empresas, que muitas vezes investem diretamente nesses negócios.

O Brasil conseguiu se inserir no palco mundial do empreendedorismo, com vários exemplos de empresas nacionais e destacando e recebendo investimento de grandes fundos internacionais. Também testemunhamos o número de startups explodir nos últimos dois anos. Profissionais que antes tinham como objetivo fazer carreira em empresas tradicionais começaram a enxergar as startups como possibilidade de realização profissional, tanto como colaboradores quanto na posição de empreendedores. Em breve teremos o primeiro unicórnio brasileiro – a primeira empresa nacional com valor de mercado acima de US$ 1 bilhão. Minha aposta é que este mercado ainda vai surpreender muita gente nos próximos anos.

Neste livro, Case descreve as três ondas de uso da internet e define a primeira como sendo a que coloca a base para a construção da internet como plataforma de negócios. Na segunda, vemos empresas como Google e Facebook colocando uma camada de busca e integração social. É a onda que está mais próxima das startups com que estamos acostumados. A terceira onda é a da internet de tudo, um passo adiante da internet das coisas, que conecta objetos entre si e com a internet. Segundo Case, a mudança que veremos nesse processo vai ser sentida de forma que nunca sentimos antes, pois ela vai invadir cada vez mais as nossas vidas offline, aprimorando saúde, educação e tantas outras áreas que podem melhorar de maneira revolucionária.

No Brasil, vivemos a primeira onda com os grandes provedores de acesso, como o UOL, o Zaz/Terra e diversos outros, que acabaram se consolidando ou sendo adquiridos por empresas maiores, várias delas estrangeiras. Nessa mesma época, os grandes e-commerces brasileiros surgiram e se consolidaram também, dando início às empresas da segunda onda.

Provavelmente, a empresa mais representativa é o Buscapé, que foi vendida para a sul-africana Naspers e continua ativa e forte até hoje. Empresas de busca como o Cadê e diversas outras que ajudaram a pavimentar a internet foram responsáveis por consolidar o entendimento de que internet é um negócio de gente grande. Hoje, temos diversas empresas da segunda onda sendo criadas diariamente. Os custos para colocar uma ideia na internet baixaram a ponto de qualquer um ser capaz de colocar a primeira versão de um produto no ar em pouquíssimo tempo. Com as metodologias enxutas (movimento "lean startup"), fica muito mais rápido e simples entender a cabeça dos clientes e iterar até chegar a algo muito mais alinhado com o que o cliente deseja.

Organizações como Sebrae e centenas de universidades estão ensinando as metodologias de criação de startups aos seus alunos. Na ESPM, onde sou professor há 15 anos, implementamos tais práticas não apenas nos cursos voltados a empreendedorismo mas em diversos programas, inclusive no MBA. Os trabalhos de conclusão de alguns cursos, que antes tinha o formato tradicional da pesquisa no computador, deram lugar a um modelo muito mais prático, voltado ao contato direto com o cliente e o feedback instantâneo em relação às inovações propostas. Centenas de alunos estão mudando a maneira de pensar e aplicando esses conceitos nos mais variados cenários, em que a criação de um novo negócio é apenas um deles.

Também já começamos a ver empresas da terceira onda lutando para vencer os desafios inerentes ao modelo. Enquanto empresas da primeira e segunda ondas poderiam ser criadas de maneira isolada, as empresas da terceira onda precisam de uma inteligência muito maior na criação de parcerias, inclusive com o governo, como Case reforça no livro. Além disso, várias delas envolvem hardware, o que não é algo simples no Brasil. Ao mesmo tempo, milhares de jovens começam a se interessar pelo movimento maker e entender que podem construir objetos com as próprias mãos.

Com os milhares de desafios do Brasil, um país de proporção continental com uma população de mais de 200 milhões de habitantes, também surgem milhares de oportunidades. As pessoas começam a perceber aos poucos que não é o quanto se investe em educação e saúde, mas como se investe. Será que não podemos fazer muito melhor? Será que os cérebros das milhares de pessoas se capacitando todo ano no Brasil não podem mudar este cenário? Eu acredito muito que sim. E aposto a minha empresa nisso.

Somos uma nação que se destaca globalmente no agronegócio. Somos líderes em diversas categorias. Por que não podemos liderar a revolução da agritech, a tecnologia para agricultura? Temos o maior laboratório de testes do mundo, espalhados pelos milhares de hectares de fazendas no País inteiro. E temos pessoas querendo comprar o desafio de entender melhor o caminho que o produto faz da fazenda até a nossa mesa. Temos fundos de investimento brasileiros focados apenas ao agronegócio, já investindo em startups na área. Na ACE, temos um programa voltado exclusivamente ao tema, em parceria com a Basf, por exemplo. Esse movimento vai só crescer.

Case fala muito do papel do governo na terceira onda, ajudando a financiar a inovação e apoiando no desenvolvimento de legislação que viabilize as iniciativas inovadoras. Esse é um assunto delicado no Brasil. Estamos tão acostumados a ser atrapalhados pelo governo, que tendemos a preferir que ele simplesmente não se envolva. Ou melhor, que não atrapalhe. Acredito que essa postura não será suficiente para o que precisamos. É fundamental um governo empenhado em trabalhar com os empreendedores, ajudando a tirar as pedras do caminho e sendo inovador para criar políticas públicas que nos preparem para o protagonismo que precisamos ter nessa etapa da internet.

Acredito que a janela está aberta. Abriu-se para ocuparmos o espaço que precisamos ter na economia global. Durante muitos anos ignoramos o resto do mundo. Raramente criamos empresas que fazem negócios com outros países, ao contrário de nações como Israel, China, Austrália e Índia. Se quisermos ter protagonismo, precisamos nos conectar, entender que o conceito de onde acaba um país e começa o outro está cada vez mais confuso quando o negócio é internet. Os desafios passam por mudarmos a forma de pensar, mas também por nos educarmos, aprendermos a falar inglês e espanhol, e como fazer negócios internacionais, do ponto de vista burocrático. E o governo não tem exatamente ajudado nesse departamento.

Quando me falam que querem criar uma startup no Vale do Silício, eu sempre pergunto: por quê? Geralmente as motivações são muito mais relacionadas ao novo e ao status do que baseadas em argumentos convincentes. A grama do vizinho é sempre mais verde. As oportunidades não estão lá, estão aqui! Vamos olhar para os lados. O Brasil tem tudo por fazer. Não precisamos abandonar o barco para viver em um ambiente inovador. Podemos criar aqui. Acho que os verdadeiros empreendedores, aqueles que gostam de criar e de todas as dificuldades envolvidas no processo, vão encarar o desafio. Já estão encarando. E o mais curioso é que várias das grandes startups do Brasil são lideradas por estrangeiros. Franceses, alemães e americanos vêm para cá justamente pelo número infinito de oportunidades.

Cada vez mais, o nível do empreendedor de ponta brasileiro já pode ser comparado aos melhores empreendedores do mundo. Ainda temos uma longa jornada pela frente, mas matéria-prima nós temos. Como eu falei, para criar uma startup de grande sucesso precisamos apenas de um time de primeira linha em um mercado gigante. E tenho certeza que em um País com as nossas dimensões e a nossa criatividade encontraremos um grande número de pessoas capacitadas e dispostas a seguir por esse caminho.

Ainda temos muito a melhorar. As oportunidades não estão distribuídas de maneira uniforme para a população. Ainda estamos aprendendo a lidar com a democracia e temos um grande grau de ineficiência e corrupção na máquina pública.

Mas estou otimista.

Acredito que a solução dos problemas do Brasil passam por pessoas que realmente queiram fazer a diferença e que coloquem projetos em prática. Discutir na mesa do bar os problemas do País é divertido, mas não ajuda a mover o ponteiro. Precisamos fazer, colocar projetos em prática e errar muito. Sim, errar muito, pois aprendizado com os erros é a principal força motriz desta nova economia.

Este livro pode inspirar você a pensar de forma diferente sobre as oportunidades existentes e enxergar o enorme potencial que temos pela frente. E não é só o potencial – veja o quanto conseguimos evoluir em apenas alguns anos! É nosso dever aproveitar essas oportunidades e gerar riqueza para o País com a terceira onda.

***Pedro Waengertner** é empreendedor, investidor, fundador e CEO da aceleradora de startups ACE

PREFÁCIO

Por Walter Isaacson*

Por acaso, na virada do século, fui espectador de um dos momentos mais importantes da transição para a mídia digital, e o cenário não poderia ter sido mais incompatível. Quando esse marco do capitalismo aconteceu, estávamos no Grande Salão do Povo, em Pequim, para a comemoração do cinquentenário da Revolução Chinesa.

Como parte da "turnê jornalística" de 1999 organizada pela revista *Time*, da qual eu era editor, levamos o conselho da Time Warner e outros líderes de negócios norte-americanos para a China. O ponto alto seria nossa participação em um banquete de 12 pratos para mil convidados, no Grande Salão, oferecido pelas maiores lideranças comunistas.

Minha principal lembrança é a de observar Ted Turner, então vice-presidente do conselho da Time Warner, deslizando por entre as cadeiras douradas revestidas de veludo vermelho, enquanto apresentava às pessoas sua esposa "*commie pinko*",* Jane Fonda. De canto de olho, porém, eu acompanhava os movimentos de Steve Case, com seu rosto plácido e olhar intenso, em uma conversa franca com o CEO da Time Warner, Jerry Levin, e membros do conselho, como Merv Adelson.

Havia muitas rodas de conversa se formando, e isso se intensificou logo após o jantar. Uma tempestade épica despencou,

* Expressão que une um diminutivo de comunista (*commie*) e o adjetivo *pinko*, que se refere a quem é "vermelho" (esquerdista), mas não muito. [N. T.]

deixando-nos presos no pórtico e nos degraus do Grande Salão à espera de nossos carros para ir embora. Turner e Case atracaram--se em provocações, modalidade em que ambos eram especialistas. "Parece que seu grande conglomerado", disse Case, "não vai nos levar para casa". Turner respondeu: "Seus bilhões também não estão levando você a lugar algum".

Era mais do que uma troca de farpas. Tais comentários escondiam uma verdade profunda. Naquela noite, sob a imagem do camarada Mao em centenas de pôsteres enormes, Case e os líderes da Time Warner começaram a discutir como a antiga e dispersa corporação de mídia (que fazia filmes, revistas e programas para TV a cabo) poderia unir forças com o incrível serviço da America Online (que havia transformado o bordão "chegou mensagem para você" em mania nacional, mas que agora era ameaçado pela internet e pelo surgimento da banda larga).

Jerry assumia ares de sábio paxá, ouvindo e concordando. Steve dissimulava um clima casual e contido, como se a possibilidade de uma fusão fosse um tópico que lhe causasse apenas uma leve curiosidade. Estava claro para mim – ou talvez tenha ficado claro em retrospecto – que algo sério acontecia. Em janeiro do ano seguinte, menos de quatro meses depois daquela noite em que a ideia havia sido aventada pela primeira vez, anunciou--se a fusão entre a AOL e a Time Warner.

Conheci Steve em 1992, quando a AOL e a revista *Time* tornaram-se parceiras na oferta de conteúdo online. Sua empresa tinha acabado de abrir capital, com uma avaliação de US$ 70 milhões. Oito anos depois da fusão, a AOL foi avaliada em US$ 160 bilhões.

Na época em que a AOL era uma startup, Steve teve muitos insights ótimos, todos explicados neste livro. Desde o dia em que lançou seu primeiro serviço, em 1985, quando apenas 3% dos norte-americanos estavam online, ele acreditava que o reino digital não se resumiria a conteúdo e comércio. Acima de tudo, insistia, o que estava em questão era criar comunidades – conectar pessoas e permitir que elas se comunicassem. No período em que preparei um perfil de Steve para meu livro *Os Inovadores*

– *Uma Biografia da Revolução Digital* (Companhia das Letras), ele me disse: "Nossa grande aposta, ainda em 1985, era naquilo que chamamos de comunidade. Pensamos que a internet seria uma *killer application* para as pessoas".

Steve estava certo. A AOL despertou o desejo de comunicar, conectar, colaborar e formar comunidades. O advento das redes sociais, do Facebook ao Twitter, passando pelo Snapchat e pelo Reddit, foi construído sobre essa tendência. No entanto, de muitas maneiras, todos esses novos serviços não deixam de sugerir um regresso ao insight central de Steve ao criar a AOL.

Outro insight de Steve que ajudou a deflagrar a revolução digital foi a importância de ser inclusivo. Antes de a AOL aparecer, a internet restringia-se a ser local de trabalho e playground para geeks em tempo integral – não se destinava a pessoas comuns, capazes de vibrar quando o computador lhes dissesse "Chegou mensagem para você". Case e a AOL contribuíram para a implantação dessa mudança, colocando de fato os Estados Unidos na rede.

No ano anterior, o então senador Al Gore – em um gesto que lhe renderia um bombardeio de piadas injustas sobre ele ter "inventado" (palavra que nunca usou) a internet – tinha apoiado e ajudado a aprovar o projeto de lei que abriu a rede para uso comercial e público. Até então, a rede era restrita principalmente a pesquisadores e fornecedores do governo. A nova lei dizia que a internet deveria ser acessível até a quem entrava na rede por intermédio da AOL ou de outros serviços ao consumidor. "Parece bobo agora, mas até 1992 era ilegal conectar um serviço comercial como a AOL à internet", lembra Case.

Essa transformação começou quando a AOL abriu um portal, em setembro de 1993, para permitir que seus membros acessassem grupos de discussão e *bulletin boards*. Seguiu-se uma avalanche de novos usuários, que os internautas veteranos tacharam de "setembro eterno" – uma referência ao mês que marcava o ingresso de hordas de calouros nas faculdades e, por consequência, também seu acesso em massa à internet, por meio das redes dos diversos *campi*. No início, suas postagens tendiam a ser irritantes, mas, em poucas semanas, a maioria aprendeu os códigos informais de "netiqueta" e assimilou a cultura digital. As comportas abertas pela AOL em 1993, porém, produziram um fluxo de novatos interminável, acabando com as normas sociais e a mentalidade de clube exclusivo, até então característica da rede. Muitos veteranos reclamaram. No entanto, na verdade, a democratização da internet propiciada pela AOL e por provedores de serviço similares constituiu um momento incrível: abria-se ali o caminho para a revolução digital inclusiva e explosiva.

Neste livro, Steve Case conta essa e outras lições de sua carreira, enredando-as com um guia de como alcançar o sucesso na próxima onda de inovação. Tendo contribuído para a criação da primeira onda da internet e na condição de investidor ativo na segunda, Steve tem a singular capacidade de estruturar uma previsão sólida de como a rede estará completamente integrada em todos os aspectos de nossa vida.

A obra *A Terceira Onda da Internet* é uma leitura deliciosa e, ao escrevê-la, Steve prestou um serviço valioso. Como alguém que passou mais de duas décadas observando o autor, aprendendo com ele e maravilhando-se com seus insights, torço para que este livro permita que muitos futuros inovadores façam o mesmo.

***Walter Isaacson** é CEO do Aspen Institute, é autor de *Os Inovadores – Uma Biografia da Revolução Digital* e de biografias de Steve Jobs, Albert Einstein, Benjamin Franklin e Henry Kissinger

SUMÁRIO

AS TRÊS ONDAS DA INTERNET

PRIMEIRA ONDA

1985 → ≈1999

CONSTRUÇÃO DA INTERNET

LANÇAMENTO DAS BASES DO MUNDO ONLINE

ORIENTADA PARA

- PESSOAS
- PRODUTOS
- PLATAFORMAS
- PARCERIAS
- POLÍTICA
- PERSEVERANÇA

cisco · IBM · Apple · America Online · Sprint · Sun microsystems

SEGUNDA ONDA

2000 → ≈2015

ECONOMIA DOS APLICATIVOS E REVOLUÇÃO MOBILE

STARTUPS SOCIAIS, DE BUSCA E DE E-COMMERCE CRESCEM NA INTERNET

ORIENTADA PARA

- PESSOAS
- PRODUTOS
- PLATAFORMAS

amazon · waze · Snapchat · facebook · Google · Twitter

TERCEIRA ONDA

2016 →

INTERNET DE TUDO

CONECTIVIDADE UBÍQUA CAPACITA EMPREENDEDORES A TRANSFORMAR IMPORTANTES SETORES DO MUNDO FÍSICO

ORIENTADA PARA

- PESSOAS
- PRODUTOS
- PLATAFORMAS
- PARCERIAS
- POLÍTICA
- PERSEVERANÇA

?

INTRODUÇÃO

Passei boa parte de meu último ano de faculdade me esgueirando entre as prateleiras da biblioteca, lendo e relendo um novo livro que não conseguia largar. Era *A Terceira Onda*, do futurista Alvin Toffler, que transformou completamente a maneira como eu pensava o mundo – e o que imaginava para seu futuro.

Toffler escreveu sobre uma transformação global em curso. Em seu relato, a "primeira onda" da humanidade foi a sociedade agrícola sedentária, dominante por milhares de anos. A "segunda onda", o mundo pós-Revolução Industrial, no qual a produção e a distribuição em massa transformaram o modo de viver das pessoas. A "terceira onda" seria a era da informação: uma aldeia global eletrônica na qual as pessoas poderiam acessar uma gama interminável de serviços e dados, participar de um universo interativo e construir uma comunidade baseada não na geografia, mas em interesses comuns. Ele previu o mundo como o conhecemos hoje. Sua visão me cativou. Eu sabia que queria fazer parte da terceira onda. Na verdade, queria ajudar a fazê-la acontecer.

Nos mais de 30 anos desde o nascimento da America Online, a terceira onda profetizada por Toffler realmente aconteceu. Tive a sorte de estar ali no início e tenho sido ainda mais sortudo de fazer parte disso.

A era da internet evoluiu em um ritmo notável desde aqueles momentos iniciais. Teve várias fases de evolução – assim como as típicas ondas de Toffler.

A primeira onda da internet teve tudo a ver com a construção da infraestrutura e das bases de um mundo online. Fizeram parte dela empresas como Cisco Systems, Sprint, HP, Sun Microsystems, Microsoft, Apple, IBM e AOL, que desenvolveram hardware, software e redes capazes de viabilizar a conexão das pessoas à internet e umas às outras. Juntos, construímos os serviços de acesso à supervia da informação (você se lembra desse termo?).

Lá atrás, nós, os pioneiros online, tivemos de lutar por tudo. Batalhamos para reduzir o custo da conexão cobrado pelas companhias telefônicas, que era, em geral, US$ 10 por hora, algo inviável para a maioria das pessoas. Imploramos aos fabricantes de computadores que vendessem seus produtos com modems pré-instalados – na época, apenas quem tinha a informática como hobby estava online, e grande parte dos executivos do setor não fazia ideia do motivo de um consumidor comum precisar de um modem.

Nos dias iniciais da AOL, boa parte de nosso trabalho consistia em explicar o que era a internet, como funcionava e por que qualquer pessoa iria querer usá-la. Lembro-me de uma entrevista em 1995 à rede de televisão PBS, em que me perguntaram: "Por que as pessoas precisam disso?". Essa questão ainda estava em aberto na época, e isso aconteceu uma década depois que começamos.

Colocar as pessoas online deu à geração seguinte de inovadores uma nova tela e uma nova tinta. Grandes mentes passaram a considerar as vastas aplicações da conectividade global. Fuçaram aqui, experimentaram ali e depois perseguiram suas ideias abrindo empresas. (Um de nossos usuários decidiu fazer programação hackeando o software de comunicação AIM, ou AOL Instant Messenger. Seu nome é Mark Zuckerberg.)

A segunda onda da internet teve início na virada do século 21, quando a bolha de empresas ponto.com inflou até explodir – o primeiro evento real que abalou a internet. Muitos empreendedores perderam fortunas. No entanto, quem sobreviveu estava pronto para liderar a era de inovação seguinte.

A segunda onda tinha a ver com construir coisas alicerçadas na internet. Mecanismos de busca como o Google facilitaram a exploração do enorme volume de informações disponível na rede. A Amazon e o eBay transformaram seus pontos de esquina na internet em lojas de departamentos completas. Foi durante essa onda que as redes sociais surgiram. Enquanto o Google organizava as informações da web, as redes sociais permitiram que as pessoas organizassem as próprias informações – e atraíram 1 bilhão de usuários. Durante a segunda onda, a Apple lançou o iPhone, o Google apresentou o Android, e a era mobile floresceu. Tal convergência sobrecarregou esse período de inovações, na medida em que smartphones e tablets tornaram-se os motores da nova internet, criando uma economia que povoaria o mundo com milhões de aplicativos móveis.

A segunda onda foi amplamente definida por software como serviço – de redes sociais como o Twitter e o Instagram, que possibilitaram compartilhar ideias e tirar fotos com mais facilidade, a aplicativos de trânsito como o Waze, que não seriam possíveis sem a conectividade móvel onipresente. Por mais que tivessem de lidar com obstáculos específicos para chegar à liderança dos respectivos mercados, essas bem-sucedidas empresas apresentam muita coisa em comum. Primeiro, seus produtos são, na prática, infinitamente escaláveis: lidar com novos usuários, em geral, é tão simples quanto aumentar a capacidade do servidor e contratar mais engenheiros. Segundo, os produtos em si – os apps – tendem a ser infinitamente replicáveis; nada tem de ser manufaturado.

Hoje, a segunda onda começa a dar lugar a algo novo. Daqui a décadas, quando descreverem a trajetória da evolução tecnológica, os historiadores vão celebrar o momento em que a internet tornou-se uma força onipresente no mundo, ao ser integrada a tudo o que fazíamos. Esse momento é o início da terceira onda.

A terceira onda é a era em que a internet deixará de pertencer a empresas de internet. É a era em que produtos precisarão da internet, mesmo que ela não os defina. É a era em que a expressão "com acesso à internet" soará tão obsoleta quanto "com acesso à eletricidade". É a era em que o conceito de internet das coisas – que implica acrescentar sensores a produtos para conectá-los à rede – será visto como limitante demais, uma vez que teremos a clara percepção do surgimento de algo muito mais amplo: a internet de tudo.

Os empreendedores dessa nova era desafiarão os maiores setores produtivos da economia, aqueles que hoje mais afetam o cotidiano. Repensarão os serviços de saúde e reformularão o sistema educacional. Criarão produtos e serviços para tornar nossa alimentação mais segura e nosso deslocamento de casa para o trabalho mais fácil.

Entretanto, para que essa nova geração de empreendedores seja bem-sucedida, não basta seguir o manual de instruções que deu certo na segunda onda.

Na terceira onda, é pouco provável que os grandes negócios nasçam de aplicativos criados em dormitórios de faculdade que viralizam da noite para o dia, como tem acontecido com frequência. Os empreendedores do futuro próximo precisarão construir parcerias entre setores de um jeito que seus antecessores nunca fizeram. Terão de se movimentar por um cenário de políticas públicas que a maioria das empresas da segunda onda se deu ao luxo de ignorar. E farão tudo isso em um ambiente em que as barreiras para entrar no mercado – mesmo para uma ideia que vale a pena – serão muito maiores do que qualquer obstáculo atual.

O manual necessário, portanto, é aquele que funcionou na primeira onda, quando a internet era jovem, e o ceticismo, grande; época em que as barreiras para ingressar no mercado revelavam-se enormes e não havia como atingir os consumidores sem formar parcerias; período em que o sistema regulatório ainda se afinava com a nova realidade, e era preciso lutar para definir o caminho apropriado a ser seguido.

Escrevi este livro hoje porque estamos vivendo um ponto de virada histórico e quero oferecer a melhor perspectiva possível para garantir um futuro brilhante. Acredito que a experiência da primeira onda tem se tornado cada vez mais importante como base para pensar esse futuro – de que modo planejá-lo, adaptá-lo e apoderar-se das oportunidades que ele vai abrir. E boa parte dessa história, incluindo a minha, permanece não contada.

Pretendo apresentar aqui uma variedade de pontos de vista – como empreendedor de startups, mas com experiência em uma grande empresa; como alguém que nunca serviu ao governo em tempo integral, mas trabalhou dentro e em torno do poder público. Escrevo tanto na condição de investidor como na de defensor, e também na de conhecedor do Vale do Silício que jamais pertenceu ao Vale do Silício.

Enfim, almejo várias coisas com este livro. Quero contar a história do nascimento do consumidor na internet e como a AOL e outras empresas do gênero quase não viram isso acontecer. Quero compartilhar minhas inocentes memórias dos bastidores daquele período – os detalhes do trajeto de uma montanha-russa que poucos já vivenciaram. Quero contar a você como foi estar no topo e oferecer uma visão do mundo a partir da sala de reunião do conselho.

No entanto, não quero fazer nada disso no vácuo. Cada uma dessas histórias tem por objetivo ilustrar uma tese mais ampla: a de que as lições da primeira onda da internet serão essenciais para o futuro imediato. Portanto, meu foco também está na terceira onda. Vou descrever como ela provavelmente será e como se desdobrará, e dar uma visão do futuro que ela encerra.

Escrevi este livro para ajudar a moldar os sonhos dos empreendedores e a aliviar os pesadelos dos titãs corporativos. Escrevi para estudantes de negócios e para leitores casuais, para pessoas suficientemente velhas para sentir saudade dos CDs da AOL chegando pelo correio e para os jovens que nunca ouviram o termo "CD-ROM".

Minha jornada ao longo das últimas décadas foi uma aventura imprevisível, uma mistura excitante, e às vezes frustrante, de altos e baixos. Vivi momentos de terror absoluto, porém foram muito mais numerosos os de alegria e celebração. Tentei transmitir tudo isso para você. Quis trazê-lo para meu mundo. E, para tanto, que mídia melhor do que o livro, essa genial invenção de mais ou menos 2 mil anos?

Longe de produzir um livro de memórias, o que desejo é compartilhar algumas de minhas histórias, pois acredito que "o passado é um prólogo", como diz a famosa frase de Shakespeare, e que há lições a ser aprendidas. Não almejei escrever um guia para empreendedores iniciantes, pois já há muitos, porém faço questão de comentar as mudanças nas regras do jogo do empreendedorismo. Tentei não ser muito vacilante sobre política, mas realmente acredito que os Estados Unidos estão correndo o risco de deixar de ser o país mais empreendedor do mundo, e quero explicar as razões disso, assim como o que podemos e devemos fazer a respeito.

Escrever *A Terceira Onda da Internet* – parte biografia, parte manual de estratégia para o futuro, parte manifesto – foi um trabalho de amor. Espero que possa acender em você a mesma fagulha que *A Terceira Onda*, de Toffler, acendeu em mim.

1

UM CAMINHO TORTUOSO

Meu irmão Dan, apenas 13 meses mais velho do que eu, estava um ano à frente de mim na escola. Dividíamos o quarto e, como a maioria dos irmãos, éramos bem competitivos. Odiávamos perder. Isso era especialmente difícil para mim, já que Dan parecia ser bom em quase tudo o que se propunha a fazer. Era um atleta nato e estava sempre entre os primeiros da classe. Quando me dei conta de que não conseguiria competir com ele de igual para igual, procurei descobrir interesses diferentes dos dele. Se Dan jogasse tênis, decidi, eu jogaria basquete. No entanto, havia um interesse que compartilhávamos, e nessa área nunca houve competição. Eu desejava ser empreendedor, tinha certeza disso, antes mesmo de saber o significado da palavra. E Dan genuinamente queria me ajudar. Eu sentia uma satisfação imensa ao chegar com uma ideia, e ele se divertia tentando contribuir para torná-la real.

Começamos nosso primeiro negócio quando eu tinha 10 anos, e Dan, com 11, fez valer toda a sabedoria desse ano extra em nossa operação. Nós nos autodenominamos Case Enterprises e torcemos para que ninguém percebesse que não tínhamos idade suficiente para ser empresários. Nós nos rotulamos como uma empresa internacional de pedidos pelo correio. Chegamos a nos tornar distribuidores exclusivos no Havaí de um fabricante de relógios suíços, mas não consigo me lembrar de ter vendido algum relógio. A maioria de nossos esforços envolvia bater de porta em porta, tentando vender cartões de felicitações para nossos vizinhos. Nossos clientes compravam nossos produtos apenas por gentiliza. Dan, porém, não se importava. Ele chamava isso de nossa vantagem comparativa. Dizia que era parte de nossa marca. Nós realmente falávamos assim. Nossos pais, um advogado e uma professora, não tinham ideia de onde tirávamos isso e costumavam brincar que, quando eu ia para o quarto, estava indo para meu escritório.

Nossos empreendimentos iniciais podem não ter dado muito resultado em termos financeiros, mas ofereceram uma riqueza de experiências. E o processo de buscar novas ideias de negócios, ou novas formas de vender, deixou uma profunda marca em mim. Quando, em 1976, saí do Havaí para estudar no Williams College, em Massachusetts, continuei procurando oportunidades de negócio. Comecei seis pequenos empreendimentos enquanto frequentava a faculdade, incluindo entregar cestos de frutas a alunos durante a semana de provas (os pais pagavam, é claro). Meu interesse era crescente em relação ao negócio da música, e eu passava muito tempo em clubes noturnos de Nova York, como o CBGB, tentando encontrar novos talentos para levar aos *campi* universitários.

Sempre fui um estudante assíduo e cumpria todas as minhas tarefas, mas esses negócios paralelos eram minha verdadeira paixão. Isso não pegava muito bem na Williams. Em certo momento, meu conselheiro me chamou de lado e disse que eu ainda me arrependeria de dedicar tanto tempo àqueles esforços empreendedores. "Veja todas as oportunidades educacionais a sua frente", lembro-me de ouvi-lo dizer. "Você deveria mergulhar nelas. Esses seus negócios causam distração e, francamente, não combinam com a vida no campus." Ele não era o único a pensar assim. Recordo-me de um de meus colegas criticando-me em um editorial no jornal da faculdade. "Juro que nunca vou a uma festa de Steve Case nem comprarei um disco dele", começava o artigo. "Não é nada pessoal; eu apenas desprezo esse capitalismo liberal desenfreado no campus universitário."

Em meu último ano na Williams, uma das disciplinas que escolhi foi introdução à computação. Odiei a matéria – quase levei bomba. Ainda estávamos na era dos cartões perfurados: você escrevia um programa e então levava seus cartões para alguém rodá-los. Várias horas depois surgiam os resultados – o que em geral, pelo menos para mim, significava encontrar um erro e começar todo o processo de novo. O tédio e a consequente nota baixa quase impediram minha formatura. Mesmo assim, a experiência não me abandonou. Os cartões perfurados eram maçantes, mas, se eu os usasse da maneira certa, poderiam ser poderosos. Estávamos construindo programas de computador muito básicos, rudimentares para os padrões de hoje. Na época, porém, o potencial era óbvio. Os computadores conseguiam resolver em segundos problemas que, de outro modo, consumiriam dias ou até semanas de trabalho. Em retrospecto, por mais que fosse frustrante, acho que aquela vivência foi formativa. Pela primeira vez entendi o potencial dos computadores. No entanto, se eu não tivesse deparado com o livro de Toffler naquele ano, não tenho certeza de que teria enveredado pelo caminho que segui.

Com a graduação se aproximando, no primeiro semestre de 1980, só conseguia pensar em ingressar de qualquer jeito na indústria digital que começava a surgir. Candidatei-me a vários empregos, sempre anexando a meu currículo uma entusiasmada carta de apresentação em que predizia a aurora de uma era digital.

Poucos compraram a ideia. A maioria das cartas ficou sem resposta. Em raras ocasiões me chamaram para entrevistas, mas quase nunca passei da primeira. As pessoas pareciam desconcertadas com minhas reflexões ou temerosas de contratar um garoto excêntrico que jamais ficaria satisfeito com um trabalho normal. Conforme as rejeições se acumulavam, dei-me conta de que meu futuro exigiria manter a boca fechada – pelo menos por um tempo. Não havia na época uma cultura de startup nem de internet, é claro. Para conseguir um emprego e aprender quaisquer habilidades úteis, concluí, teria de entrar em uma grande empresa. Por fim, consegui uma vaga na Procter & Gamble (P&G), no departamento de gerenciamento de marca. Era um ótimo local para desembarcar, apesar de tudo. Eu poderia aprender habilidades úteis durante o dia e continuar a sonhar com o mundo digital à noite.

Se havia uma coisa que a P&G sabia bem, era como tornar um produto compreensível para as pessoas comuns. Quando as radionovelas foram apresentadas para o público, a empresa logo enxergou uma oportunidade de anunciar seus produtos de limpeza para sua audiência principal. Então começou a patrocinar programas, começando com *Oxydol's Own Ma Perkins*, em 1933. Não por acaso, as radionovelas ganharam a alcunha de *soap* *operas*.* Quando o público migrou do rádio para a televisão nos anos 1950, a P&G foi junto.

As pessoas com quem trabalhei eram especialistas em compreender as preferências do consumidor. Dedicavam-se obstinadamente a pesquisa e desenvolvimento (P&D) e buscavam avanços que pudessem dar vantagem a seus produtos contra a concorrência. Eram profissionais de marketing de primeira, em geral à frente de seu tempo. A P&G também foi pioneira no conceito de distribuir amostras grátis para encorajar o uso experimental. (Mais tarde, peguei emprestada essa ideia quando lançamos o programa de teste da AOL e inundamos o país com discos de teste grátis.)

Depois de dois anos na P&G em Cincinnati, Ohio, mudei-me para o estado do Kansas para trabalhar na Pizza Hut como diretor de desenvolvimento de novas pizzas. Até hoje, foi o melhor título de cargo que já tive.

Minha motivação tinha duas vias. Uma era o aumento razoável de salário e de responsabilidade, e a outra tinha a ver com minha vontade de entender o funcionamento de um negócio com perfil mais empreendedor. A Pizza Hut foi fundada em 1958 por dois irmãos, Dan e Frank Carney, enquanto eram ainda alunos da Wichita State University. De um único ponto, na esquina das ruas Kellogg e Bluff, cresceu até se tornar a maior rede de pizzarias do país, o que, em boa parte, foi conquistado pela liberdade de inovação concedida às unidades franqueadas. Essa abordagem de inovação – de baixo para cima – era o oposto do que fazia a P&G, e eu quis entender isso.

Originalmente, meu cargo envolvia trabalhar nas cozinhas experimentais na cidade de Wichita. No entanto, defendi pôr o pé na estrada para descobrir o que estava acontecendo no país. Minha visão era a de que, apesar de ser possível inovar dentro dos muros da empresa, podiam estar acontecendo inovações muito

* Literalmente, óperas do sabão, termo usado ainda hoje para definir as novelas em inglês. [N. T.]

maiores do lado de fora. Criei e liderei uma equipe de campo, e começamos a perambular pelos Estados Unidos à procura de uma grande ideia para incorporar ao cardápio. A companhia me mandou para lugares como a capital, Washington, hospedando-me no Four Seasons de Georgetown, e me encarregou de descobrir a melhor pizza da cidade. Admito que há formas piores de viver. Aprendi bem rápido como é difícil extrair de uma cozinha experimental algo novo e replicável em 500 restaurantes nos quais os chefs eram adolescentes com habilidades culinárias limitadas. Muitas de nossas ideias que faziam sentido na teoria naufragaram na prática.

Na época, um dos conceitos que estávamos testando era a entrega em domicílio. Era 1982 e, apesar da popularidade da pizza, a entrega ainda não era universal. Também trabalhávamos para identificar um modo de tornar a pizza mais conveniente e fácil de transportar. Passamos um bom tempo tentando descobrir se calzones ou pizzas-brotinho funcionariam como opção para viagem, para clientes de passagem pelas lojas. Relembrando aquele ano, é engraçado observar como temas que estavam sob meu foco – conveniência e portabilidade – mais tarde se tornariam tão cruciais na empresa que eu ajudaria a construir, assim como o desejo de manter as coisas simples e a ênfase no básico.

Só trabalhei na Pizza Hut por um ano. Minha obsessão com Toffler, em vez de arrefecer, tinha se intensificado. Eu queria fazer parte daquela visão de futuro. Precisava encontrar um jeito de embarcar nela.

MINHA PRIMEIRA STARTUP

Descobri minha oportunidade naquele mesmo, 1982, quando meu irmão me falou de uma startup chamada Control Video Corporation (CVC), que tentava entrar no crescente setor de jogos eletrônicos online. Na época, Dan já tinha deixado de ser o CEO da Case Enterprises para se tornar um promissor banqueiro de investimentos no Vale do Silício. Nenhum de nós perdera aquela paixão explorada na infância. Eu ainda era o cara das ideias; ele, o que descobria o jeito de fazer a coisa funcionar.

Quando a empresa para a qual ele trabalhava, a Hambrecht & Quist (H&Q), começou a considerar investir na CVC, Dan me pediu que revisasse o plano de negócios da startup e desse minhas impressões. Fiquei impressionado, disse a ele, e interessado em participar. A H&Q fez o investimento e, em poucos meses, tornei-me consultor de meio período nos escritórios da CVC, nos arredores de Washington.

Lá conheci Marc Seriff, um texano sem papas na língua, engenheiro brilhante. Ele havia integrado a equipe inicial que ajudara a criar a internet nos anos 1970 e era um visionário de verdade, com habilidades técnicas incríveis. Mais tarde, na mesma década, Seriff uniu-se a um empreendedor que tinha uma ideia por minuto, Bill von Meister, e ambos construíram algumas empresas. Pioneiro das telecomunicações, Von Meister fundou um dos primeiros serviços online, The Source, e, com Seriff, concebeu um negócio chamado Home Music Store. Quase duas décadas antes do Napster (ou quase três décadas antes do Spotify), os dois já tentavam oferecer música digital para as massas. Quando anunciada, a ideia atraiu muita atenção da indústria da música, mas eles tiveram problemas para garantir os direitos de que precisavam para lançar o empreendimento. Alguns apoiadores iniciais, como a Warner Music, acabaram voltando atrás em um acordo para licenciar música para o negócio. "Entregar música diretamente na casa de pessoas por satélite e cabo", argumentou um executivo da Warner Music em 1981, "fecharia o varejo de música, literalmente sufocando o fluxo de dinheiro. Os lojistas estão ameaçando jogar nossos discos na rua!", exclamou.

Estava claro que não haveria conversa com a Warner Music. Entretanto, como de fato havia um acordo prévio com a Home Music Store, a Warner precisava encontrar uma solução amistosa. Foi sugerido, então, que Seriff e Von Meister pensassem em aplicar a tecnologia à produção de videogames. "Conversem com a Atari", aconselhou o executivo. "Eles são uma divisão de nossa empresa-irmã, a Warner Communications."

Ágil, Von Meister acatou o conselho e redirecionou seus esforços para construir um serviço online chamado GameLine. A ideia era fazer um cartucho de jogo muito parecido com o do Atari, mas com um fio para conectá-lo à linha telefônica, de modo que o usuário pudesse fazer downloads e jogar à vontade, mediante o pagamento de uma tarifa mensal (uma espécie primitiva de Netflix de games).

Em janeiro de 1983, Seriff e Von Meister estavam totalmente imersos no negócio de videogames e prontos para anunciar seu novo serviço. A ocasião escolhida foi a feira Consumer Electronics Show, em Las Vegas, com direito a um enorme balão de ar quente com o logo do GameLine no teto do hotel Tropicana. Ingressei na empresa, em regime de período integral, nove meses depois, bem na hora em que o produto estava chegando ao mercado.

Foi um desastre total.

Os videogames da Atari tinham saído da moda. Depois de alguns anos de crescimento forte, o interesse pelos produtos Atari despencava. Os varejistas cancelaram os pedidos do GameLine. O estoque encalhou. (Em um fim de semana, silenciosamente jogamos dezenas de milhares de modems não vendidos em um latão de lixo atrás de nosso escritório.) As receitas do GameLine ficaram 95% abaixo da previsão, de modo que o conselho da CVC decidiu cortar os custos. A maior parte dos funcionários perdeu o emprego. Eu, o mais novo integrante de uma equipe de marketing de sete pessoas, fui o único que sobrou no departamento – sobretudo, suspeito, porque tinha o salário mais baixo. Meus pais já estavam bem preocupados. Eu tinha passado por três empregos em três anos, e tudo indicava que eu precisaria de um quarto em breve.

Entretanto, tudo aquilo foi uma lição precoce de timing de mercado e gestão de custos, uma valiosa primeira experiência de fracasso. Por mais que a morte do GameLine tenha sido agônica e chocante, não me senti desencorajado. Minhas esperanças com o produto tinham murchado, porém permanecia inalterada minha convicção quanto ao futuro digital. Estava confiante, talvez inocentemente, de que conseguiríamos dar um jeito.

Para impedir a falência, buscamos parceiros. Como líder sênior acidental da empresa, fiquei com a função de fechar negócios sempre que pudesse para manter a companhia navegando. Depois de dezenas de conversas infrutíferas, finalmente concluímos um acordo com a BellSouth, que fazia pouco tempo tinha sido separada da "Ma Bell" (como é conhecida a AT&T) por força de uma lei antitruste para regular o setor de telefonia. A BellSouth entrou com recursos que mantiveram a CVC em funcionamento por mais um ano, mas ficou cada vez mais claro que nossa estratégia de usar a tecnologia de modem customizado fora um erro.

Na época em que ingressamos no mercado, nossa tecnologia estava superada. Havíamos criado uma tecnologia de modem que, na essência, servia apenas para download. Podíamos enviar jogos para os clientes, mas eles não podiam enviar dados de volta para nós nem trocá-los entre si. Os modems que as pessoas começavam a comprar atendiam às duas finalidades. Chegamos à conclusão de que o principal recurso da CVC – uma tecnologia de modem de baixo custo – tornara-se uma de nossas maiores fraquezas. Oferecemos um sistema proprietário que poucos queriam adotar.

O (PRIMEIRO) REBOOT

Decidimos abandonar a ideia original e, no lugar dela, apoiar a tecnologia de modem-padrão do setor e o emergente mercado de computação pessoal. Abraçamos a ironia – uma empresa de modem com um modem sem valor – e nos consolamos lembrando que nunca quisemos mesmo ter uma companhia de hardware. O modem era apenas um meio para o fim desejado: ser uma organização de prestação de serviços online para o consumidor final. Então, retomamos a missão original e saímos totalmente do negócio de hardware, passando a empenhar todos os nossos esforços naquilo em que éramos bons: criar software fácil de usar e serviços para desmistificar o mundo online.

Decidimos repensar o marketing e a estratégia de distribuição. Em vez de vender serviços diretamente aos consumidores, o que era oneroso e arriscado, tivemos a ideia de nos associar a fabricantes de computadores pessoais e criar serviços online para as respectivas marcas, que eles, por sua vez, poderiam vender a seus clientes. Nós construiríamos o software e os serviços, eles embalariam o pacote com seu hardware e fariam o marketing, e as duas empresas compartilhariam a receita.

Em teoria, fazia muito sentido, e ficamos animados para dar início ao projeto. Contudo, assim que começamos a prospectar parceiros potenciais, nos demos conta de que tínhamos um problema. Continuávamos a ser rejeitados. Alguns consideravam limitado o apelo de ficar online. E mesmo aqueles que percebiam o potencial do serviço mostravam-se pouco dispostos a assumir o risco da associação com uma companhia iniciante – em especial, uma que já tinha um produto fracassado no currículo, além de investidores e credores insatisfeitos.

Finalmente encontramos ouvidos abertos na Commodore, na época uma das líderes em computação doméstica. O fundador havia desembarcado do negócio de modo traumático, e a equipe remanescente lutava para descobrir um rumo. A concorrência crescia, e todos sabiam que a empresa precisava de uma nova cartada, de algo que lhe permitisse se destacar.

O chefe de planejamento estratégico da Commodore, Clive Smith, dispôs-se a ficar de nosso lado, mas outros executivos acreditavam que seria arriscado demais associar-se à CVC.

"Vocês têm um histórico muito pesado, e isso é uma deficiência para nós", disse Clive, sem rodeios. "Todos têm muito respeito pelo que vocês vêm tentando fazer, mas ninguém quer se associar à CVC. O risco é grande demais."

Pedi um conselho a ele. Haveria algo a fazer para contornar essa rejeição? Alguma possibilidade de uma segunda chance? Fez-se um silêncio do outro lado da linha de telefone. Estávamos condenados, eu sabia disso, mas Clive simplesmente não sabia como dizer isso.

"Não sei, Steve", respondeu ele por fim. "Você já pensou em começar uma empresa nova?"

Curiosamente, não, eu não tinha pensado naquilo, e me pareceu muito óbvio quando ele mencionou. Uma nova empresa significaria mais do que apenas um novo nome. Significaria um balanço limpo e uma página em branco – um recomeço genuíno. Tudo o que precisaríamos fazer era licenciar o software da CVC, transferir a equipe para a nova companhia e dissolver a antiga.

No verão de 1985, pouco antes de eu completar 27 anos, acatamos o conselho de Clive e criamos a Quantum Computer Services. Assumimos a locação do espaço do escritório da CVC em Tysons Corner, Virgínia, e contratamos a maior parte da equipe antiga. Juntei-me a Marc Seriff e Jim Kimsey, outro executivo da CVC, como um dos cofundadores da Quantum.

Jim era uma figura verdadeiramente brilhante. Como muitos de nós, chegara à companhia sem background profissional em tecnologia. Tinha sido dono de um grupo de bares e restaurantes em Washington, e seu estilo de vida estava à altura. Graduado em West Point e veterano de duas incursões ao Vietnã, costumava encerrar suas frases com expletivos e *non sequiturs*. Adorava citar figuras históricas, e Nietzsche era um dos favoritos – devo tê-lo ouvido dizer "o que não mata fortalece" pelo menos uma centena de vezes. Cerca de 20 anos mais velho do que a maioria de nós, era claramente visto pelo mundo externo como o elemento maduro do grupo. Nossos investidores referiam-se a ele como nossa "supervisão adulta". Isso teve um propósito importante na época, quando empresas com pessoas de 20 e poucos anos ainda não tinham se estabelecido como uma força genuína.

Frank Caufield, um dos melhores amigos de Jim e cofundador de uma empresa de capital de risco chamada Kleiner Perkins Caufield Byers (KPCB), tinha conversado com ele sobre a CVC. Jim se animou com a visão do GameLine e comprou os direitos de franquia para a região de Washington. Quando a KPCB se uniu à H&Q como um dos primeiros investidores da CVC, Frank passou a integrar o conselho. Depois de algum tempo, diante dos problemas enfrentados pelo GameLine, ele pediu a Jim que interviesse para tentar estabilizar a situação e proteger o investimento da KPCB. Jim concordou em ajudar, mesmo não entendendo de tecnologia – nem querendo entender. Encarou aquilo mais como uma tarefa de curto prazo, imaginando que ajudaria apenas por alguns meses, como um favor. Acabou ficando por mais de uma década.

Sem Jim, nós não teríamos a capacidade de levantar capital para sobreviver. Sem Marc, não teríamos conseguido construir a tecnologia central de nosso produto. Eu desempenhei o papel de estrategista e agitador, trazendo ideias, construindo parcerias, projetando muitos dos aspectos ligados ao cliente e cuidando de nossa marca e sua mensagem. Era a combinação perfeita de habilidades altamente complementares, e esperávamos que isso nos tornasse uma aposta confiável, sobretudo porque precisávamos levantar algum capital para levar adiante nossa virada de mesa.

Fomos ao encontro dos investidores da CVC e anunciamos nosso plano. Eles ficaram intrigados, mas permaneceram céticos. Tendo acabado de perder dinheiro em nossa empreitada anterior, esperavam uma aposta muito maior de nossa parte. Não queriam simplesmente gerar um retorno sobre o capital a ser investido: também ambicionavam um retorno sobre o investimento perdido. De nosso lado, não pretendíamos lhes repassar uma parte tão grande da companhia, porém sabíamos que tínhamos poucas opções. Em 1985, o mundo das startups de tecnologia ainda engatinhava, e investidores de risco eram raros. Se não conseguíssemos um acordo, teríamos de sair do negócio.

Nossos investidores tinham toda a alavancagem e a usaram a seu favor. Propuseram um acordo no qual seriam virtualmente donos da empresa, permitindo que nós, da gestão, retomássemos parte dela ao longo do tempo, de acordo com nosso desempenho. No fim das contas, acho que não cheguei a ser dono de mais de 3%. Não importava. Nunca foi uma questão de dinheiro, afinal. Sempre teve a ver com uma visão. Eu não gostava do acordo que os investidores tinham imposto, mas estava feliz por manter a ideia viva – e encantado com a nova chance de construir um negócio.

Estávamos aptos a lançar a Quantum com apenas US$ 1 milhão de capital, principalmente porque conseguimos alavancar parcerias para reduzir nossos custos de marketing.

Personalizamos nossas apresentações para cada empresa de PC e começamos de maneira modesta. Primeiro, fechamos um acordo com a Commodore para criar um serviço especializado em games, o Q-Link, para sua vasta base de usuários do computador Commodore 64. Isso nos ajudou a negociar uma parceria com a RadioShack para criar o PC-Link, serviço de download que incrementava a interface gráfica com o usuário. Mais tarde, convencemos a IBM a associar-se a nós na criação de um serviço educacional chamado Promenade. Cada empresa tinha sua marca e ofertas feitas sob medida, tendo em comum apenas o fato de que seus serviços online seriam construídos e administrados pela Quantum.

Dessa vez, funcionou. Mantivemos os custos baixos e obtivemos lucratividade já no segundo ano de negócio. Por mais modesto que fosse, o crescimento era constante. Acreditávamos que a melhor maneira de fazer a empresa decolar de vez seria garantir uma parceria maior – e, então, miramos a Apple.

OS REIS DE CUPERTINO

Aluguei um apartamento em São Francisco em 1987 e, por seis meses, visitei a sede da Apple todos os dias. Abordei todas as pessoas que pude dentro da empresa, na tentativa de captar seu interesse para o então nascente mercado online. Adequava meu discurso conforme a equipe com a qual conversava, tentando construir o argumento perfeito para eles se associarem a nós. No final, o grupo que mais se interessou por minha pregação foi provavelmente o de menor poder e influência dentro da companhia: a área de atendimento ao cliente.

Meu recado para eles foi direto: a parceria conosco seria uma forma melhor e mais econômica de oferecer o serviço ao consumidor da Apple do que criar a estrutura de um enorme call center para lidar com telefonemas. "Ah, a propósito", acrescentei, "além do benefício do atendimento ao cliente, podemos oferecer uma suíte de outros serviços atraentes aos consumidores, o que ajudará a diferenciar a Apple".

A apresentação soou bem. A equipe com a qual estava lidando enxergou ali uma oportunidade de ter um papel mais estratégico e de fortalecer sua posição dentro da empresa. De um lado, eles sabiam que seu envolvimento tinha obrigatoriamente de refletir uma parceria com vistas ao suporte ao cliente. De outro, porém, havia uma chance de ouro: se os serviços online decolassem para valer, o departamento deixaria de ser um escoadouro de recursos para se transformar em um centro gerador de lucros – uma jogada que aceleraria a carreira de todo o time, sem dúvida. Não faltavam motivos, portanto, para estarmos motivados para fazer a parceria funcionar.

Se na época Steve Jobs estivesse na Apple, suspeito que o acordo jamais teria acontecido. Ele nunca teria licenciado o nome da Apple ou permitido que uma decisão tão crítica fosse tomada por executivos de escalão intermediário. No entanto, Steve fora demitido pela Apple dois anos antes, de modo que tivemos nossa chance. Seis meses depois de me mudar para São Francisco, nós finalmente assinamos um acordo para criar o serviço. O nome: AppleLink Personal Edition.

Voltei a morar em Washington, onde a equipe me saudou como um herói conquistador. Fechar uma parceria com a Apple e convencê-la a licenciar sua marca para nós era uma proeza. Com o comprometimento e o endosso da Apple, fomos capazes de fazer uma rodada de financiamento de US$ 5 milhões – o maior que já tínhamos conseguido. Abrimos um escritório em Cupertino, próximo da sede da Apple, de modo que nosso pessoal pudesse trabalhar em colaboração estreita com o dela. E cuidamos de reforçar o time, contratando mais gente para trabalhar naquele projeto, que seria o maior de nossa ainda curta história.

Assim que o protótipo do software ficou pronto, tive a chance de me reunir com Alan Kay, um dos pioneiros da era da computação, para ouvir seus conselhos. Nos anos 1970, Kay fizera parte da equipe do Xerox PARC (Palo Alto Research Center), responsável por criar uma linguagem de programação chamada Smalltalk, que poderia ser usada para colocar computadores em rede e, mais tarde, inspiraria os primeiros computadores Macintosh. Quando me encontrei com ele, Kay trabalhava para a Apple e morava em Los Angeles. Voei até lá para entender sua visão de projeto e pedir orientação para criar um software mais intuitivo, algo que era sua especialidade – e da Apple. Foi uma honra dialogar com tamanha lenda. Contudo, esse seria um dos raros bons dias de trabalho com a Apple. A lua de mel durou pouco.

Passamos um ano construindo o serviço AppleLink e nos preparamos para um lançamento ambicioso (e caro). Desde o início, porém, nossas empresas entraram em atrito. A Apple planejava vender o software e limitar a distribuição a suas lojas autorizadas. Para nós, tratava-se de uma abordagem horrível, que ia contra toda a nossa estratégia. Queríamos distribuir o software de graça – em uma ampla gama de varejistas, pré-instalado em computadores Apple, ou como brinde de revistas e modems e até pelo correio. Além disso, pensávamos que o teste inicial também deveria ser gratuito, para convencer as pessoas a experimentar o serviço antes de adotá-lo. Precisávamos de clientes pagantes, sim, mas isso significava facilitar ao máximo sua experiência com o serviço. (É irônico que, duas décadas depois, o sucesso da Apple tenha sido catapultado pelo software grátis de sua App Store.) Discutimos asperamente por meses, discordando em relação a várias abordagens de marketing, sem jamais chegar a um acordo. No processo, alimentei um sentimento de frustração e desconfiança, além de ceticismo crescente, em relação à Apple.

Certa manhã, cheguei atrasado ao escritório por causa de um congestionamento de quilômetros, provocado por um acidente ocorrido perto do aeroporto Washington Dulles. Quando cheguei, havia sobre a mesa um recado de minha assistente com a palavra "urgente" sublinhada. Um executivo sênior da Apple queria falar comigo, disse ela, e não parecia feliz. Nesse sentido, não havia novidade alguma na mensagem. Estávamos discutindo com a Apple havia meses, e eu já tinha ouvido várias broncas de muitos de seus executivos. Só não adivinhei que, daquela vez, tratava-se de um pedido de divórcio.

"Ouça, Case, a questão é a seguinte", começou agressivamente o executivo, quando telefonei de volta. "Foi um erro, e precisamos cancelar o acordo. Estamos fora. Acabou." Tentei fazer com que mudasse de ideia, especulei se havia alguma alternativa, mas, durante a conversa, percebi que qualquer esforço seria em vão. Nós nunca nos entenderíamos quanto à estratégia, e cada lado estava absolutamente convencido de ter razão.

Aquilo tinha acabado. De verdade. E nenhum de nós tinha a menor ideia do que fazer.

2

TORNANDO A AMÉRICA ONLINE

Sentei-me à mesa em silêncio depois de desligar o telefone. Acho que não me mexi por uma hora. Não tinha ideia do que fazer e não queria dar a notícia aos outros até que tivesse pelo menos algum simulacro de plano alternativo. Mas que plano haveria? Toda a nossa estratégia fora baseada na associação com fabricantes de computadores, e agora estávamos sem a Apple, nosso maior e mais importante parceiro. Enfim, simplesmente tive de me levantar e avisar meus colegas. Reuni a tropa na sala de reuniões. Foi como passar pelos cinco estágios do luto em uma única tarde.

Primeiro estágio: negação. Marc tinha certeza de que o acordo não estava realmente rompido, que era só mais um blefe na mesa de pôquer em que vínhamos jogando havia meses. Segundo: raiva. Primeiramente, da Apple; e depois, um do outro. "Por que fomos tão rígidos?", gritou Jim, olhando direto para mim. "Não podemos esperar trabalhar em parceria e conseguir tudo o que queremos. Não funciona assim!" Terceiro: barganha. Comecei a fazer em um quadro branco uma lista de concessões que poderíamos oferecer à Apple como tentativa de ressuscitar o acordo. Todos gritaram sugestões. No entanto, na hora de finalizar a lista, percebemos que nenhum de nós estava sinceramente disposto a fazer aqueles sacrifícios. "Se fizermos do jeito da Apple, vamos fracassar", eu disse. "Mas, se perdermos a Apple, corremos o risco de perder nossos investidores. Ao mesmo tempo, não sei como podemos fazer uma oferta como essa e, depois, encarar nossos investidores sem nos envergonharmos. Faz sentido seguir por um caminho que cedo ou tarde vai fracassar?"

Quarto estágio: depressão. Eu não conseguia nem imaginar o grau de desconforto em que se realizaria a próxima reunião com os investidores. Eles já haviam se decepcionado conosco – duas vezes – e muitos vinham pressionando Jim a me demitir, por causa dos gastos excessivos no lançamento da Apple. Essa com certeza seria a gota d'água.

Ficamos sentados na sala, quietos, desapontados, frustrados, apavorados. Ao que parecia, estávamos no fim da linha, mas ninguém queria ser o primeiro a dar a má notícia. Jim quebrou o silêncio: "Eis o que devemos fazer, pessoal. A Apple não pode cancelar o contrato unilateralmente. Levantamos e gastamos milhões para lançar o AppleLink. Vamos ameaçá-los com um processo, e eles vão se ver forçados a pagar por um acordo. Então, poderemos usar o dinheiro para continuar vivos até entender qual será nosso próximo passo".

Só havia uma opção de próximo passo, e sabíamos disso – um passo tão óbvio quanto assustador. "Temos de abandonar a estratégia de trabalhar para outras marcas", eu disse. "Precisamos criar nossa marca, com nosso marketing, tudo bancado por nós mesmos. Vamos combinar todos os nossos serviços independentes – Q-Link, PC-Link, AppleLink e Promenade – em um só."

"Nós ainda temos recursos para isso?", perguntou Marc.

"Não, precisamos encontrar um jeito de levantar o dinheiro para fazer a transição", afirmei. "Em primeiro lugar, vamos tentar conseguir a maior quantia possível da Apple. Se eles querem o divórcio, que seja, mas terão de pagar por isso, para que a gente possa seguir adiante por conta própria."

Saí da sala de reuniões e voltei a meu escritório para reler o acordo assinado com a Apple. Anotei todos os compromissos que eles tinham assumido e que agora queriam romper. Desenvolvi um plano com Jim. Então, respiramos fundo e apertamos o botão de rediscagem do telefone.

Informamos ao executivo da Apple que não desejávamos um litígio demorado relativo aos termos do contrato, pois, afinal, tal caminho não seria bom para nenhuma das partes. Então, sugerimos um acordo: mediante um único pagamento de US$ 5 milhões – a soma que nossos investidores de risco haviam colocado para apoiar o acordo com a Apple –, nós concordávamos em cancelar o contrato. Do contrário, instalaríamos um processo contra a Apple e não seríamos nada discretos quanto à conduta da empresa na qualidade de parceira.

A resposta foi hesitante. Houve rejeição imediata da demanda de US$ 5 milhões, mas ficou claro que a Apple reconhecia sua culpa e sua responsabilidade pelo rompimento do acordo e que nos pagaria algo para sairmos da parceria em silêncio. Após semanas de vaivéns e algumas viagens para a Califórnia, finalmente fechamos o negócio. A Apple nos pagaria US$ 3 milhões para rasgar o contrato. Nós deixaríamos de usar a marca da empresa e seguiríamos por outro caminho.

Apenas poucos anos depois de sairmos da CVC para a Quantum, mais uma vez estávamos recomeçando, agora, porém, com o dinheiro da Apple. Nossa equipe batalhou, trabalhando horas intermináveis para transformar a nova visão em realidade. De vez em quando, a tarefa parecia tão complexa quanto uma missão espacial, mas era nossa missão, e não íamos parar até fazer direito – ou ficar sem dinheiro.

Na época, o humor da equipe ganhou brilho. O medo foi substituído pelo alívio. A Apple era uma parceira difícil, exigente, e por meses tínhamos lidado com uma crise seguida de outra. Superado o choque, chegamos ao quinto estágio do luto: aceitação. As pessoas retomaram o trabalho cheias de entusiasmo diante do que poderíamos construir.

Tínhamos diante de nós a chance de nos tornar o portal para um mundo online a qualquer pessoa que tivesse um modem. Era uma aposta arriscada, mas e se funcionasse?

Não sabíamos que nome dar ao serviço, nem tínhamos dinheiro para contratar uma agência de branding. Então, promovemos um concurso interno com nossos colaboradores e debatemos as opções por semanas. A vencedora foi Online America, a preferida da maioria das pessoas, só que não soou bem aos meus ouvidos. "E se invertêssemos? America Online", sugeri. Bateu. Nomeamos o serviço (e, depois, a empresa) e nos preparamos para o lançamento.

UMA TRANSIÇÃO VERTIGINOSA

O lançamento do serviço AOL foi um tanto atribulado. Os usuários tinham computadores diferentes e, de certa maneira, necessidades diferentes, de modo que precisamos de quase um ano de ajustes para o negócio de fato engrenar. Nosso crescimento acelerou de vez quando lançamos uma versão para Windows. De repente, começamos a conquistar usuários cada vez mais rápido, e eles pareciam amar o serviço. A imprensa, intrigada, fez uma maravilhosa cobertura: a startup azarona, enfim, entrava na briga com grandes e entrincheiradas corporações. E tínhamos uma noção mais clara do que os clientes queriam, uma vez que vivíamos e respirávamos o serviço, em vez de confiar apenas em pesquisas de *focus groups*.

Certa tarde, no escritório da AOL em Tysons Corner, conversei com alguns colaboradores sobre a possibilidade de tornar o software um pouco mais amigável e acessível. Ainda havia muita gente cética em relação ao mundo online, pessoas que não conseguiam entender o que a internet tinha a lhes oferecer. Parecia excessivamente impessoal, deslocada demais da interação social genuína. Eu sabia que os céticos estavam errados, tanto por experiência própria como pela opinião de nossos clientes satisfeitos. A AOL não limitava a interação social. Ao contrário, conferia-lhe nova magnitude, viabilizando a comunicação entre as pessoas de mais maneiras do que em qualquer outra época da humanidade. No entanto, era preciso dar ouvidos aos sentimentos dos "não convertidos", para descobrir como seria possível convencê-los a dar uma chance para a AOL entrar em sua vida.

Tive uma ideia. Por que não tornar o serviço mais intimista, acrescentando a ele uma voz humana? Karen Edwards, uma das integrantes da equipe de atendimento ao cliente, logo sugeriu: "Se precisar de ajuda com isso, meu marido, Elwood, faz dublagens. Ele já fez um punhado de comerciais de rádio".

Eu não conhecia Elwood e não sabia como era sua voz, mas imaginei que, no mínimo, ele poderia nos dar um bom protótipo, uma amostra a servir como guia para quando outros dubladores fizessem testes de voz. De imediato, rabisquei algumas frases em um post-it, que entreguei para Karen.

"Veja se ele se interessa em gravar isso para nós. Acha que ele faria até o fim da semana?"

"Ele vai fazer hoje à noite", respondeu ela. "Pode deixar que cuido disso!"

No dia seguinte, Karen me entregou as gravações. A voz não poderia ser mais perfeita. Era amistosa de um jeito que desarmava o ouvinte, com um tom que você esperaria de um estranho se oferecendo para carregar as compras de sua avó. Na hora, descobri que não testaríamos mais ninguém. Instruí nossos engenheiros a adicionar os arquivos de voz na nova versão de nosso software.

Em um mês, estávamos enviando pelo correio CDs para milhões de norte-americanos, cada um contendo o software atualizado com a mensagem de Elwood: "Bem-vindo... Chegou mensagem para você".

Era possível sentir pela excitação no escritório que havia ficado claro que nosso empreendimento entrara nos eixos. O medo de naufragar havia diminuído, e a equipe se mostrava francamente entusiasmada com as perspectivas de futuro. Depois de muitos anos e vários falsos começos, tínhamos enfim encontrado nosso alicerce.

No processo, emergi como líder empresarial. Todo mundo reconhecia os papéis críticos que Jim e Marc haviam desempenhado para nos colocar no caminho do sucesso, mas a equipe cada vez mais se reportava a mim em busca de orientação. Em janeiro de 1991, o conselho me elegeu presidente-executivo. Eu tinha 32 anos.

Meu principal objetivo era expandir a base de clientes. Sabíamos que uma concorrência dura viria, então pressionei a equipe a trabalhar duro para a empresa crescer mais, e mais rápido. "Nunca será tão fácil ou tão barato ganhar participação no mercado" tornou-se meu mantra. Pisamos fundo no acelerador, aumentando drasticamente nossos gastos com marketing.

A fim de levantar dinheiro para abastecer essa expansão, no fim de 1991 tomei a decisão de abrir o capital da empresa. O conselho concordou a princípio, mas houve um porém. A America Online seria a primeira companhia da internet a ingressar na bolsa de valores. O tamanho do mercado era incerto, e os riscos competitivos, relevantes. Levando tudo isso em conta, os membros do conselho se reuniram às escondidas e decidiram reverter a decisão de seu presidente-executivo. Eles concluíram que eu era jovem demais para ser aceito pelos investidores institucionais, acostumados a CEOs mais maduros.

Jim agendou um almoço para me dar a notícia. "Todo mundo acha que você está fazendo um trabalho incrível", garantiu ele, "mas você é jovem e inexperiente, e as empresas que abrem capital costumam ter CEOs muito mais velhos, com currículos bem mais extensos. Então, eu preciso voltar a ser CEO, e você, vice-presidente. Não se preocupe; é temporário".

Fiquei arrasado. Furioso. Senti que estava sendo roubado. Eu não era um CEO acidental. Havia conquistado o posto aos poucos, ao longo do tempo. Para mim, era totalmente absurdo ser jogado para escanteio não por causa de minhas competências, mas por um medo teórico de que os investidores seriam resistentes à minha idade. Pensei em pedir demissão. E, quando outras pessoas da equipe souberam da decisão do conselho, muitas se ofereceram para se demitir também, em protesto. Fiquei comovido com o apoio, porém sabia que não podia abandonar a companhia, tampouco permitir que alguém saísse. Eu havia investido demais de mim mesmo naquilo, assim como os outros. Então, deixei clara minha insatisfação, mas, no final, escolhi engolir em seco e ficar.

A ABERTURA DE CAPITAL

Em março de 1992, entramos no mercado de ações. Na época, tínhamos menos de 200 funcionários e meros 184 mil assinantes. Nossa receita era de US$ 30 milhões, e havíamos levantado um total de US$ 10 milhões ao longo dos sete anos anteriores. Obtivemos mais US$ 10 milhões na oferta pública inicial de ações (IPO – do inglês, *Initial Public Offering*), com uma avaliação de mercado de US$ 70 milhões. Em sua maioria, os investidores institucionais não ficaram especialmente interessados. Éramos vistos como um pequeno player de nicho de mercado. O *Wall Street Journal* nem sequer chamou a AOL de "empresa de internet" ou "companhia de tecnologia" ao descrever nosso IPO, mas de "fornecedor de serviços ao consumidor baseados em computador".

No entanto, a corrida estava só começando. O IPO não só nos deu apenas capital para expansão como também visibilidade pública e uma moeda de troca (ações) que poderíamos usar para fazer aquisições. Além disso, proporcionou a investidores individuais – cidadãos comuns – a chance de fazer parte de uma empresa de crescimento muito rápido, algo raro até hoje.

Soubemos de nossa primeira aquisição pós-IPO por meio de meu irmão. Ted Leonsis, CEO de 35 anos da Redgate Communications, tinha contratado a empresa de Dan para representá-lo em uma transação. Os dois começaram a conversar, e Dan sugeriu nos apresentar. "Vocês deviam se encontrar, porque estão falando exatamente da mesma coisa", explicou ele. Quando meu irmão me ligou para marcar a reunião, eu lhe disse que já havia ouvido a respeito daquele empresário.

Ted estava à frente de muitas florescentes inovações digitais. Ele tinha sido tão afetado quanto eu pelas possibilidades que a internet oferecia. Certa vez , declarou ao *The New York Times* que "em 1984 ou 1985, não importava em que reunião estivesse, sentia que algo cataclísmico estava acontecendo". Eu me identificava com isso.

Na Redgate, Ted produziu alguns dos primeiros CD-ROMs multimídia, assim como um pioneiro serviço de comércio (ainda não chamávamos de e-commerce) que usava gráficos armazenados em discos para criar um visual atraente e, assim, melhorar a experiência de compra (lembro que, na época, a maioria dos serviços online era centrada em texto). Ele havia escrito três livros e fundado meia dúzia de revistas voltadas para tecnologia. O que chamava minha atenção, em particular, era a capacidade aparentemente inata de Ted de vislumbrar e evangelizar um futuro digital, algo que eu estava muito empenhado em fazer na AOL. Então, antes mesmo de me sentar para tomar um café da manhã com Ted, estava ansioso para me aproximar dele e de sua empresa.

Tivemos uma conversa calorosa e envolvente que durou cerca de uma hora e meia. Ele era muito impressionante. Depois que a garçonete trouxe a conta, decidi que era hora de fazer uma proposta.

"Quero você em nossa equipe", disse-lhe. "Seríamos ótimos juntos."

"Provavelmente seríamos", respondeu ele, "e estou lisonjeado, mas adoro o que estou fazendo na Redgate e não posso sair da empresa".

"Você não entendeu. Não estou aqui só para lhe oferecer um emprego. Quero comprar sua empresa."

Ted fez cara de paisagem e foi cuidadoso para não se comprometer.

"Podemos namorar primeiro?", perguntou.

No entanto, eu sabia que o conquistara. Nossas visões eram similares demais para ele dizer não. Eu sabia que tudo o que saísse de sua boca esconderia o que realmente estava acontecendo por trás daqueles olhos: ele já estava imaginando como seria poder usar e testar suas habilidades ao máximo. Era só uma questão de tempo.

Ted tornou-se um dos executivos mais influentes da AOL. Alguns meses depois de fechada a aquisição da Redgate, com sede na Flórida, ele concordou em se mudar para Washington, a fim de supervisionar o serviço da AOL. Mais tarde, nós o colocamos à frente de nossas investidas na área de conteúdo, período em que ele adquiriu marcas como Moviefone, criou a marca local Digital Cities em parceira com jornais e lançou um dos primeiros programas de incubação e aceleração da internet, chamado AOL Greenhouse. A estratégia era apoiar o desenvolvimento de novas marcas, para então colocá-las no mercado com equipes de gestão independentes e investidores externos. A meta era torná-las ágeis, enquanto alavancávamos a plataforma da AOL. A Greenhouse lançou dezenas de marcas, entre elas The Motley Fool, um software de finanças pessoais, e PlanetOut, empresa de mídia digital focada no público LGBT fundada por Megan Smith, que se tornaria uma das principais executivas do Google e, mais tarde, diretora de tecnologia da Casa Branca.

Sete meses depois de nosso IPO, Walt Mossberg, colunista de grande influência que então escrevia no *Wall Street Journal*, publicou uma resenha apaixonada a respeito de nosso serviço, comparando-nos favoravelmente com nossa maior concorrente.

A Prodigy é enorme, possui alegados 175 mil assinantes, mas tem sido dirigida sobretudo a novatos no computador. Está dando alguns bem-vindos passos para se tornar mais rápida e mais sofisticada. Porém, no momento, considero a Prodigy seriamente falha. Seu sistema de navegação é estranho e confuso, seu texto é deselegante e se movimenta a passos de lesma, seu conteúdo promete mais do que entrega, e o serviço embaralha anúncios pagos na parte de baixo de muitas das telas de informação (incluindo chamadas deste jornal e até da America Online).

Em contraste, vejo a America Online como a onda sofisticada do futuro nesse tipo de serviço. Apesar de ter apenas 200 mil assinantes e ainda sofrer alguns reveses, apresenta o tipo de interface gráfica com o usuário, popularizado pelo Macintosh, da Apple, e pelo Microsoft Windows, no PC, que está varrendo toda a computação pessoal. Usa janelas que se sobrepõem para manter e exibir o texto, que pode ser livremente manipulado, menus de comandos em inglês simples, que são selecionados com o mouse, e ícones coloridos nos quais você clica para chegar rápido a uma ampla variedade de ricos bancos de dados.

A resenha foi um ponto de virada em termos de como as pessoas enxergavam o mercado online. Elas passaram a levá-lo muito mais a sério – e também a nós. Ainda éramos pequenos, mas agora estávamos no mapa. E nosso crescimento acelerou a partir daí.

Em meados de 1993, Jim e eu fomos almoçar de carro perto de nosso escritório. Quando o garçom aproximou-se, Jim pediu champanhe, o melhor do cardápio.

"Estamos comemorando alguma coisa?", perguntei.

"Claro que estamos", respondeu ele.

"Certo", falei, confuso. "O que estamos comemorando?"

"Você", disse ele.

"Por que eu?"

"Porque eu estou descendo, e você, subindo."

O garçom tirou a rolha e serviu duas taças.

"Veja bem", começou Jim, levantando a taça dele para brindar. "Eu disse que seria temporário."

O conselho queria que eu voltasse a ser CEO. Ao longo dos três anos seguintes, crescemos para 4 mil funcionários, criando 200 empregos por mês. Em sete anos, tínhamos 25 milhões de clientes e éramos uma das empresas mais valiosas do mundo.

Para quem não se lembra ou não sabe o suficiente, pode parecer difícil avaliar como foi significativo o papel da AOL na vanguarda da era da internet. No entanto, vale dizer que, no fim dos anos 1990, a AOL era o meio pelo qual a maioria das pessoas fazia tudo o que podia ser feito online. Se então você estivesse online, haveria grande chance de a America Online ter participado diretamente de sua primeira vez a se conectar à internet, de seu primeiro envio de e-mail, de sua primeira busca, de seu primeiro recebimento de notícias eletrônicas, de sua primeira compra pelo computador, de seu primeiro usufruto de música e conteúdo audiovisual online, de seu primeiro envio ou armazenamento de fotos no mundo virtual, de sua primeira conversa com amigos pela rede. Para a maioria dos norte-americanos, a AOL era, na época, uma combinação de Google, Facebook, Twitter, Amazon, Spotify, YouTube e Instagram.

A AOL não foi o primeiro serviço a conectar pessoas à internet, mas teve o pioneirismo no que diz respeito a transformar a internet em um estilo de vida. Fomos desbravadores ao permitir que milhões de pessoas trocassem mensagens instantâneas entre si. Largamos na frente ao oferecer um shopping center completo, ancorado pelos maiores varejistas. Ninguém, antes de nós, ousou associar-se com dezenas de revistas e jornais, dando o pontapé inicial para a drástica transformação tanto na maneira como os jornalistas produzem a informação quanto no modo como os leitores a consomem. Tínhamos orgulho de todas essas inovações. Contudo, no fundo, o que realmente construímos, e cultivamos, foi a primeira comunidade online expandida.

Para além de CEO, eu via meu papel na AOL como o de prefeito da comunidade online que construímos. Estava tentando fazer com que as pessoas se sentissem confortáveis nesse novo ambiente digital, imprimindo-lhe uma feição amigável – e humana. Em alguns casos, isso implicava pequenas tarefas, como as cartas que escrevi todo mês para os membros por mais de uma década, atualizando-os sobre o que estávamos fazendo e destacando novas características. Em outros, significava ser o rosto público de uma crise, enquanto tentávamos resolvê-la nos bastidores.

Lembro-me especialmente de um telefonema recebido certa manhã.

"Há um problema: caímos", informou Mike Connors, ex-executivo da IBM recém-contratado como líder da equipe de tecnologia e operações da AOL. "O site inteiro caiu. Ninguém consegue logar. O atendimento ao cliente está lotado de chamadas de pessoas reclamando. E vamos levar um tempo para consertar."

Era 7 de agosto de 1996. Fazia apenas pouco mais de quatro anos que tínhamos aberto o capital.[1] Os administradores do sistema haviam acabado de concluir uma alteração de código, atualizando o software para dar conta de nosso crescimento. Havíamos deixado de cobrar dos clientes pelas horas que passavam na AOL, em favor de uma tarifa básica para acesso ilimitado. Como resultado, o uso estava em franca ascensão: conquistamos 1 milhão de novos usuários durante os seis meses que levaram até aquela manhã.[2]

Para nossos clientes, não era possível descobrir o que estava dando errado pelo Twitter. Nem sequer havia Google. Os jornais ainda grafavam a palavra e-mail com aspas, seguida de uma descrição de seu significado entre parênteses. A World Wide Web ainda era um conceito novo. Para a maioria das pessoas, a AOL representava toda a experiência que tinham na internet.

Nessa época, a AOL era a fornecedora dominante, lidando com quase metade do tráfego de internet dos Estados Unidos. Portanto, se hoje a queda de um serviço como o Snapchat desperta irritação geral, em 1996 a queda da AOL causava um incidente de proporções nacionais.

As horas corriam, e uma enxurrada de reclamações chegava. Recebemos telefonemas de clientes dizendo-se imobilizados, sem acesso a e-mail. Um enxame de engenheiros tentava isolar e corrigir o defeito. No entanto, 12 horas depois, o problema ainda não estava resolvido. A história da queda da AOL chegou aos noticiários das redes de TV e se tornou a manchete de quase todos os jornais do país. Dei dezenas de entrevistas, procurando explicar como uma calamidade dessas podia ter acontecido e quando seria resolvida. Por fim, levamos 23 horas para restaurar nossos sistemas.

Foi, ao mesmo tempo, uma experiência bizarra e uma realização incrível. Depois de anos evangelizando os benefícios do mundo online para um público que raras vezes parecia convencido, assistir àquela comoção foi surreal. De um lado, fomos submetidos a um cerco, tentando acalmar as pessoas enquanto trabalhávamos fervorosamente para colocar as coisas no devido lugar. De outro, sentimos essa excitação. Que prova melhor haveria de que a internet tinha se tornado *mainstream*? Por fim, depois de mais de uma década de luta, a primeira onda da internet ganhava impulso.

3

A TERCEIRA ONDA

As lições da primeira onda da internet podem parecer antigas. Ultrapassadas. De pouca valia para o empreendedor contemporâneo. Trata-se de uma interpretação equivocada daquilo que é antigo. É inegável que a tecnologia andou a passos largos desde aqueles dias iniciais, quando nos conectávamos com rudimentares computadores Apple II, por meio de irritantemente lentos modems de 300 bauds. No entanto, mesmo com a tecnologia mais moderna, os empreendedores da terceira onda deverão gastar um bom tempo com coisas que não são propriamente tecnológicas. Assim como a AOL no passado, eles vão precisar de uma estratégia para construir uma infraestrutura de internet em setores produtivos dominados pelo ceticismo e por poderosos *gatekeepers*. Se tivemos de trabalhar duro para criar conexões com a internet, os novos empreendedores terão de se empenhar ainda mais para conectar a internet a tudo o mais. E, de modo crucial, essa experiência será muito mais parecida com a primeira onda do que com a segunda.

Durante a segunda onda, o aumento do uso da internet, combinado com a rápida adoção de smartphones, levou a uma explosão das mídias sociais e à criação de uma fértil economia de aplicativos. Algumas das empresas mais bem-sucedidas, como o Snapchat e o Twitter, começaram com pequenas equipes de engenheiros e se tornaram sensação da noite para o dia, sem exigir nem as parcerias nem a perseverança que definiram a era anterior.

Contudo, há sinais de que esse modelo agora chega a seu limite e que uma nova onda está prestes a arrebentar. E surgem evidências crescentes de que esse período terá uma feição diferente da segunda onda e bem parecida com a primeira.

A terceira onda será definida não pela internet das coisas, mas pela internet de tudo. Estamos entrando em uma nova fase de evolução tecnológica, um tempo em que a rede será completamente integrada a tudo o que se refere a nossa vida – como aprendemos, como nos curamos, como administramos nossas finanças, como nos locomovemos, como trabalhamos, e até como comemos. À medida que a terceira onda ganhar terreno, cada indústria líder em cada setor econômico estará sob o risco de sofrer uma ruptura. Pense no que está acontecendo no Vale do Silício ao longo das últimas décadas e imagine como será quando aplicarmos a mesma cultura de inovação e o mesmo escopo de ambição a cada segmento da economia. Essa é a terceira onda, e não precisamos esperar por ela: já está aqui.

UM SAUDÁVEL SISTEMA DE SAÚDE

Se você é empreendedor de tecnologia em busca de um setor para revolucionar, não há melhor mercado do que o sistema de saúde dos Estados Unidos. Para os iniciantes, é enorme – representa um sexto da economia do país. Além disso, os responsáveis pelo setor têm sido preocupantemente lentos na adoção da tecnologia. Como a maioria dos norte-americanos pode atestar, ir ao hospital assemelha-se a uma viagem ao passado. Muitos ainda arquivam fichas médicas de papel e usam máquinas de fax. A maioria nem sequer tem ideia de quanto custam seus serviços. E sua área de pesquisa e desenvolvimento está, quase sempre, focada em equipamentos médicos e drogas, com pouquíssima atenção ao uso da tecnologia de redes para melhorar os resultados. A falta de coordenação e de dados úteis resulta em um sistema de saúde frágil, crivado de erros. Como pacientes, espera-se que busquemos segundas opiniões caras, não porque empresas seguradoras nos pedem, mas porque os erros diagnósticos são desconcertantemente comuns. Em setembro de 2011, por exemplo, pesquisadores do centro MD Anderson, do Texas, descobriram que em 25% dos casos a segunda opinião resulta em mudança do diagnóstico.

Ao longo de décadas, o comodismo tem sido mantido como um valor a ser contemplado. Se você já se perguntou por que o sistema de saúde norte-americano custa mais do que o de outros países desenvolvidos, mas não produz resultados melhores, esse é o motivo. Nossos hospitais estacionaram em um mundo pré-internet, e os pacientes sofrem por causa disso.

Felizmente, os empreendedores enxergam oportunidades. Em 2014, startups de saúde digital levantaram quatro vezes mais dinheiro do que em 2010. O que começou com rastreadores de exercícios físicos que medem passos, velocidade e batimentos cardíacos logo se transformará em hardware e software que permitirão aos usuários obter uma gama completa de sinais vitais em série, com coleta e armazenamento de dados para alertar pacientes e médicos caso algo esteja errado. Não demorará muito para que o rastreamento de nossos sinais vitais se torne rotina diária, tão simples e essencial quanto escovar os dentes. Pode parecer básico, mas isso terá efeitos profundos tanto na forma de tratamento individualizado dos pacientes quanto no funcionamento do sistema de saúde como um todo.

Quando puder receber um resumo dos dados rastreados da saúde de um paciente, o médico estará contando com uma ferramenta de precisão que atualmente lhe faz falta. Hoje, durante uma consulta, é comum ouvirmos perguntas como "Quando esse sintoma começou a incomodar?" ou "Você percebeu outros sintomas?". Com muita frequência, não temos respostas precisas. Na maioria dos casos, a imprecisão talvez não seja significativa, mas algumas vezes uma leitura mais acurada representa a diferença entre a vida e a morte. Um médico precisa de ferramentas adequadas para avaliar – se possível, até antes de o paciente ir ao hospital – quando uma queixa de dor de cabeça está relacionada com uma simples enxaqueca ou com um aneurisma. Isso significa alertar a pessoa, pelo celular, a respeito da formação de um coágulo antes que o problema leve a um acidente vascular cerebral ou a um infarto – uma funcionalidade de aplicativo capaz de tornar o telefone mais inteligente e essencial do que nunca.

Esse tipo de tecnologia também pode ajudar a reduzir o problema dos tratamentos malgeridos, os quais representam hoje mais de 30% dos gastos com saúde. Com equipamentos conectados, os médicos serão capazes de monitorar pacientes de alto risco a distância, usando sensores que checam desde sinais vitais até a periodicidade correta de aplicação dos medicamentos prescritos. Esse tipo de inovação pode salvar dezenas de milhares de vidas cada ano e, ao mesmo tempo, derrubar os custos da assistência à saúde.

Na terceira onda, é claro, não serão apenas médicos que analisarão os dados de saúde. Haverá aplicativos de terceiros criados para manter o paciente saudável. Imagine as possibilidades do diagnóstico instantâneo não por um médico, mas por um supercomputador como o Watson da IBM. Alguns tipos de mudança vão reverberar por todo o sistema de saúde. O CDC* estima em 200 mil o número de óbitos evitáveis derivados de doenças crônicas. Quanto esse índice diminuiria se as pessoas fossem alertadas a tempo e dessem entrada no hospital com um dia ou mesmo uma hora de antecedência? Podemos até quantificar o benefício financeiro do avanço tecnológico: segundo a firma de consultoria McKinsey, o valor poupado por esse tipo de monitoramento poderia ser de até US$ 1 trilhão por ano em 2025.[1] Todos esses cálculos nem sequer levam em conta um exame atento dos dados agregados do setor. Uma vez que os pesquisadores tenham acesso a dados anônimos de toda a população, seremos capazes de identificar padrões de saúde até então desconhecidos. Trata-se de algo que pode mudar tudo – da abordagem a casos de epidemia à caracterização das doenças em si –, orientando uma revolução genuína na medicina.

A TRANSFORMAÇÃO DA EDUCAÇÃO

Mais pessoal, mais individualizada, mais orientada para dados. Esse mantra não é só da área de saúde do futuro, mas de toda a terceira onda. Portanto, aplica-se também a outro setor tão gigantesco, relevante, complexo e desarticulado quanto o da saúde: o sistema educacional dos Estados Unidos.

Organizações da terceira onda – com ou sem fins lucrativos – usarão a tecnologia para revolucionar o modo como aprendemos. No período das ondas anteriores, as tecnologias de dentro e de fora da sala de aula eram bem parecidas: alunos ao computador fazendo apresentações em PowerPoint, navegando na internet, trocando mensagens virtuais com colegas do outro lado do mundo. Cada uma dessas ferramentas se provou útil, mas

* CDC é a sigla de Centers of Disease Control (Centro de Controle de Doenças), instituição pública norte-americana que pesquisa doenças contagiosas. [N. T.]

poucas delas foram criadas especificamente para uso escolar. Na terceira onda, isso começa a mudar.

Já existem ferramentas que permitem ao professor interagir com os pais de maneiras que seriam inconcebíveis há 20 anos. Muitas escolas já usam lousas virtuais, nas quais os professores postam tudo: lições de casa, resultados de provas, vídeos da criança lendo um resumo de livro para a classe. Em vez de tratar os alunos como números, esse tipo de tecnologia oferece um veículo para um poderoso e inédito engajamento dos pais com a rotina letiva.

Há também novas ferramentas para professores e alunos. Em 2015, por exemplo, investi na Pear Deck, startup sediada no estado de Iowa, que permite ao professor compartilhar em tempo real apresentações interativas de slides com seus alunos, e estes, por sua vez, podem informar em quais pontos da matéria estão tendo dificuldades, de modo que o professor ajuste sua aula. Existem ainda plataformas de internet que compartilham e revisam conteúdos de cursos. Em 2015, o *The New York Times* publicou um artigo sobre uma empresa chamada Teachers Pay Teachers, que abriu um mercado de trabalho online no qual educadores compartilham, vendem e compram planos de aulas. Uma professora entrevistada gerou cerca de US$ 100 mil em receitas em um ano, vendendo suas aulas de gramática, vocabulário e exercícios de literatura. "O que começamos como hobby tornou-se um negócio", disse ela ao *Times*. O CEO da Teachers Pay Teachers, Alan Freed, revelou ao jornal que 12 professores cadastrados no site ficaram milionários. "Se você tem um filho em alguma escola norte-americana, ele está de alguma forma interagindo com o conteúdo da Teachers Pay Teachers", garantiu Freed.

As empresas também estão criando tecnologias para personalizar o processo de aprendizado, como softwares que se adaptam ao jeito e ao ritmo de aprendizado mais eficientes para cada aluno. Em um futuro não muito distante, os estudantes talvez tenham o equivalente a um tutor virtual, um livro didático na forma de tablet que, além de conteúdo, vai monitorar não só se a criança de fato aprende mas também de que modo ela aprende melhor. Conforme o "livro didático" ficar mais inteligente, ampliará também a capacidade do educador, que passará a dispor de ferramentas para obter dados individualizados e de mais tempo para trabalhar com cada estudante, naquilo que ele mais precisar. O professor fará intervenções curtas e focadas para manter os alunos alinhados coletivamente ou criará oportunidades para que eles se aprofundem em seus pontos fortes e áreas de interesse particular. Portanto, a cultura de padronização dará lugar a uma cultura de personalização. Se não aprendemos todos da mesma forma ou no mesmo ritmo, então por que deveríamos ser ensinados do mesmo jeito?

A tecnologia da terceira onda também mudará as métricas de desempenho escolar. Qual seria o benefício de um exame padronizado anual se professores e pais pudessem obter informações de desempenho detalhadas com uma ampla gama de métricas, que constantemente comparassem cada aluno com estudantes da classe, de toda a escola e até das demais escolas da cidade ou do estado? Dessa maneira, o *big data* de alunos individuais faria pela educação o que os exames padronizados jamais conseguiram: imprimir precisão quantitativa a um processo de aprendizado qualitativo.

Ao longo do tempo, o papel do professor se transformará de modo substancial. Nos moldes de programas como a Khan Academy, os estudantes assistirão no livro didático do tablet, em casa, a aulas online customizadas, utilizando o tempo em classe para fazer o que costumava ser chamado de "lição de casa". Em vez de dar uma aula padronizada para 30 alunos com níveis de compreensão heterogêneos, o professor passará então a circular pela classe a fim de dar suporte aos alunos em suas lições, resolvendo suas dúvidas e ajudando-os em dificuldades pontuais. No futuro, talvez não faça mais sentido falar em duração de aula, e sim em quantidade de minutos diários em que nossos filhos trabalharão individual e efetivamente com seus professores – o processo de aprendizado real. Isso nos permitirá parar de recorrer a instrumentos imprecisos de raça ou renda para descrever e abordar lacunas de desempenho, uma vez que o foco estará em garantir que as necessidades personalizadas de cada criança sejam atendidas.

Esse modelo produzirá melhores resultados para os alunos? A pergunta continua em aberto. No entanto, trata-se de algo que pode ser respondido pelos dados que o próprio modelo ajudaria a coletar. De repente, teríamos a capacidade de realizar experimentos de baixo custo para avaliar a efetividade dessa didática, em tempo real – algo tão fácil quanto implantar um programa-piloto em uma sala de aula e comparar os resultados com os de outra sala. Esse modelo funcionará? Os dados poderão dizer, muito rapidamente. Uma escola não terá de esperar por um processo longo e oneroso, de vários anos, e que culmina em um exame de avaliação, para decidir se os alunos estão sendo prejudicados ou beneficiados pela nova metodologia. Com as avaliações em tempo real, será possível adotar em escala os programas e técnicas mais bem-sucedidos e, ao mesmo tempo, abandonar experiências-piloto antes que elas prejudiquem o processo de aprendizado.

Eis o valor transformador da integração da terceira onda à educação. Hoje, as barreiras para a inovação na área são grandes, e não só por causa do governo. Observe uma escola norte-americana qualquer, pública ou privada, e você verá uma estrutura que praticamente não mudou desde o século 19. Os reformadores da educação sublinham que entre seus principais desafios está o extremo conservadorismo do sistema educacional. As pessoas costumam ficar mais preocupadas com o risco de experimentar algo novo do que com o perigo de manter o *status quo*. E, com muita frequência, o último vence. A terceira onda não resolverá esse problema como um todo, mas tende a ajudar: pode responder a perguntas que nunca tiveram resposta, explicar padrões que jamais identificaríamos por conta própria e resolver problemas que nem sabíamos que existiam.

Em última análise, a reinvenção da educação exigirá uma abordagem multifacetada. Claro que o cerne da questão é aquilo que está sendo aprendido – o conteúdo, por assim dizer. Entretanto, como vimos nos primeiros momentos da AOL, erra quem foca apenas o conteúdo. Na primeira onda, aprendemos que o contexto e a comunidade são importantes. Na AOL, o contexto implicou organizar e fazer curadoria de conteúdo para guiar as pessoas por uma gama aparentemente interminável de opções, além de fechar acordos com empresas de mídia detentoras de marcas confiáveis a fim de ajudar a atrair a audiência *mainstream*. E, para nós, comunidade significou criar formas de conectar as pessoas ao conteúdo e entre si. É provável que os mesmos "3 Cs" – conteúdo, contexto e comunidade – que capitanearam o sucesso da AOL na primeira onda potencializem a revolução da educação na terceira onda. Sim, é essencial contar com professores apresentando o conteúdo da maneira certa. Isso, porém, não basta. Também tem importância que marcas respeitadas (por exemplo, as melhores universidades) ofereçam credenciais (diplomas ou títulos) para os estudantes serem valorizados aos olhos de seus futuros empregadores. E é preciso criar comunidades em torno do conteúdo, de modo que os alunos possam aprender uns com os outros e manter um relacionamento duradouro entre si, formando uma rede que sobreviva para muito além do período de graduação. A maioria dos inovadores da educação se concentrou demais em tecnologia na primeira onda e em conteúdo na segunda. Só sairá vencedor na terceira onda quem aliar tecnologia de ponta a conteúdo de excelência, mas também entender a importância do contexto e da comunidade para o desafio da educação. As abordagens integradas que os visionários já implantam no mercado, sobretudo em regimes de parceria, provavelmente abrirão caminho para a revolução do aprendizado, sobre a qual se fala há décadas, mas que ainda está por dar frutos.

O FUTURO DO ALIMENTO

A indústria alimentícia é um setor de US$ 5 trilhões e você faz parte dela, provavelmente na qualidade de consumidor, a menos que se alimente apenas de sua horta ou criação de animais. Diante desse número, qualquer empreendedor da terceira onda enxergaria uma oportunidade. Muitas pessoas já enxergaram – e vêm explorando – a chance de, por meio de empreendimentos inovadores, desafiar a maneira como a comida é produzida, distribuída e consumida no mundo.

Isso não significa que logo teremos microchips comestíveis nas prateleiras do supermercado. A única maçã com conexão Wi-Fi ainda será aquela fruta mordida que adorna o iPhone ou o MacBook. Do mesmo modo, não devem ser criadas expectativas de adoção em massa a "alternativas alimentares" como o Soylent, composto nutritivo em pó que, diluído em água, tornou-se muito popular entre parte da elite do Vale do Silício.

Em vez disso tudo, a terceira onda fundamentalmente mudará o modo como plantamos e cultivamos nossa comida, como a estocamos e transportamos com segurança e como a entregamos aos consumidores.

Em razão da necessidade, a indústria agrícola há muito tempo abraçou avanços tecnológicos como forma de melhorar a produtividade e cortar custos. Fazendas por todos os Estados Unidos têm usado, por anos, sensores para mapear temperatura, saturação da água e outras variáveis críticas para o cultivo saudável de frutas e verduras. No entanto, a terceira onda levará isso a um patamar totalmente novo. Como a repórter Nicole Kobie explicou no jornal *The Guardian*, a terceira onda pode até salvar a população de abelhas, que por anos vem diminuindo de maneira misteriosa, o que configura uma ameaça à essencial polinização dos campos. Uma das principais causas do colapso das colônias de abelhas é a presença de ácaros de determinada espécie. Seria possível eliminá-los por calor, porém aquecer colmeias é impensável, uma vez que isso derreteria a cera que as compõe, eliminando também as abelhas.

Um grupo de pesquisadores propôs-se resolver o problema, desenvolvendo uma forma de "aquecer pontos específicos da colmeia de dentro para fora, em vez de aquecer a estrutura toda, por meio de circuitos impressos na base da colmeia, chamada de fundação", descreveu Kobie. As abelhas constroem sua casa seguindo o padrão impresso, criando uma colônia que é conectada à internet. Will MacHugh, um dos principais pesquisadores, explicou o sistema: "A eletrônica faz duas coisas: monitora a temperatura e produz calor". Quando detectam uma larva de abelha potencialmente suscetível ao ácaro, os sensores aquecem a área do entorno, matando agressores próximos sem afetar a larva nem enfraquecer a estrutura da colmeia.

"As abelhas na verdade até gostam do calor", afirmou MacHugh. "Já os ácaros, por serem muito pequenos, praticamente estouram como pipoca."

Depois da colheita agrícola e do abate de animais, a comida nos Estados Unidos passa por um sistema de segurança alimentar que foi implantado por Teddy Roosevelt há um século e que nunca mudou. Na maioria das indústrias de processamento, inspetores da USDA* analisam menos de 1% do volume total de carne processada, sobretudo por meio de exame visual. Mesmo quando eles realizam testes em busca de patógenos, um resultado positivo para algo tão perigoso quanto salmonela raramente resulta em fechamento de uma operação. Sob a perspectiva da saúde pública, portanto, a área de segurança alimentar clama por um reboot tecnológico.

Empreendedores da terceira onda estão prontos para revolucionar esse processo. Algumas empresas, por exemplo, trabalham para viabilizar a aplicação de raios de luz a fim de eliminar patógenos sem aquecer a carne, garantindo um nível de segurança de processamento muito mais alto do que o obtido pela checagem visual. Outras testam embalagens inteligentes, que incluem tecnologias como RFID (identificação por radiofrequência), NFC (*near field communication* – em português, comunicação por campo de proximidade) ou Bluetooth. A ideia é fazer o monitoramento constante da carne em tempo real, garantindo que a refrigeração permaneça a mesma da fábrica até o refrigerador.

Não vai demorar para que essa evolução tecnológica dê um passo adiante. Imagine uma geladeira capaz de identificar e avisar quando os produtos estão mal-armazenados dentro dela ou um forno que se recuse a cozinhar carne de qualidade questionável. Não são cenas de ficção científica, mas realidades da terceira onda.

---

* USDA é a sigla de United States Department of Agriculture (Departamento de Agricultura dos Estados Unidos), equivalente ao nosso Ministério da Agricultura. [N. T.]

Tudo isso acontecerá na convergência entre demografia, estilo de vida e tendências tecnológicas, o que também definirá a alimentação do futuro. Os *millennials*, agora em maior número do que os *baby boomers*, são em geral mais voltados para a comida e a experiência. Tendem a comer fora muito mais do que outras gerações e também a ter muito mais consciência da saúde. Segundo o *The New York Times*, a venda de refrigerantes per capita caiu 25% entre 1998 e 2015, substituída principalmente pela de água. Essa demanda por comida saudável pode ser vista na maneira como restaurantes casuais estão corroendo o mercado de fast-food. Um exemplo é o Sweetgreen, no qual minha empresa, Revolution, investiu. Ao contrário do McDonald's, o Sweetgreen não usa tecnologia para processar alimentos, e sim para gerenciar a logística de uma operação sazonal da fazenda até a mesa. Isso, por sua vez, tem contribuído para o renascimento dos fazendeiros artesanais, que agora conseguem vender produtos frescos diretamente para restaurantes ou consumidores, a preços melhores do que se escoassem seus produtos por meio de distribuidores.

Essa tendência não passou despercebida pelos investidores. As startups de tecnologia alimentar que quiserem chamar a atenção deles terão de saber dialogar com essa nova cultura, revelando-se capazes de criar valor com a revolução da alimentação saudável.

MARÉ ALTA

Quando eu era criança no Havaí, costumava ir à praia para surfar. Uma tarde, vi um colega surfista dominando as ondas com toda a confiança. Ele era muito melhor do que eu. Remei até perto dele, esperando outra onda vir em nossa direção, e perguntei se podia me dar alguma dica.

"Só tem uma coisa que você precisa saber", disse ele. "Quando a onda vem crescendo, ou você entra no tubo, ou acaba na areia."

A terceira onda está se formando. Isso não pode mais ser ignorado por empreendedores e empresas que querem surfá-la e que precisam se preparar para não comer areia.

4

COMECE ACELERANDO

Apesar de todo o sucesso da AOL, pairava sempre uma sensação de que logo ali, depois da esquina, havia uma nova tecnologia à espreita – um novo e feroz concorrente, pronto para atacar. Startups pipocavam, e ficávamos de olho nelas, mas a maioria de nossos temores concentrava-se nas grandes empresas e em seus movimentos estratégicos. Algumas das maiores e mais capitalizadas corporações – General Electric, Microsoft e AT&T, entre outras – conspiravam para entrar no mercado, e tínhamos o temor de ser esmagados caso elas atacassem com toda a sua força.

Outra fonte de preocupação era a Prodigy, que, no fim dos anos 1980, constituía um dos maiores serviços online. Sua oferta inicial era meio estranha. A empresa gastou milhões de dólares em pesquisa para identificar o desejo dos consumidores, mas interpretou mal os resultados e acabou projetando um produto falho. O fato é que, nos *focus groups* realizados em shopping centers dos Estados Unidos, os pesquisadores ouviram consumidores "típicos", e o feedback induziu a Prodigy a conceber um serviço para quem nunca tinha usado computador. No entanto, seu mercado primário era formado por pessoas que já utilizavam PCs e estavam se habituando a interfaces gráficas, como o Windows. Todos os aplicativos da Prodigy usavam interfaces de menu, de modo que a empresa tinha a expectativa de que seu serviço online operasse da mesma maneira.

Ainda assim, tínhamos preocupações reais quanto à empresa. A Prodigy tinha o suporte da IBM, da CBS e da Sears, que, juntas, investiram centenas de milhões de dólares na aquisição de usuários. Era uma ameaça muito real.

Nós nos debruçamos sobre o problema, planejamos ações e, então, demos alguns passos inteligentes para manter a dianteira. Primeiro passo: um acordo com a IBM para criar um serviço online proprietário da empresa, chamado Promenade. Na época, ninguém conseguiu entender por que a IBM concordou em se aliar a nós, depois de já ter gasto US$ 500 milhões para lançar a concorrente, mas, na verdade, tínhamos descoberto a lacuna perfeita.

Alguns anos antes, o primeiro computador doméstico da IBM, o PCjr, tinha sido um fracasso. Como seus executivos não queriam canibalizar as vendas dos computadores corporativos, com maiores margens de lucro, restringiram demais as capacidades do PCjr. Os consumidores o rejeitaram, preferindo comprar máquinas da Apple ou da Commodore. A IBM queria lançar outro computador pessoal e estava comprometida a, dessa vez, fazê-lo do jeito certo. Montou uma equipe autônoma, livre da burocracia da empresa, e a encarregou de projetar, fabricar e divulgar um computador que (finalmente) fincaria a marca IBM no crescente mercado de PCs.

Essa equipe veio nos visitar. Desconfiamos de que o intuito deles era apenas nos espiar para fazer uma comparação com a Prodigy, mas, de todo modo, decidimos atendê-los para tentar virar as coisas a nosso favor. Quando soubemos de sua missão, sugerimos que se posicionassem como primeiro fabricante a oferecer ao consumidor um computador pessoal com modem instalado (até então, o equipamento vinha sendo vendido como "periférico"). A sugestão foi bem-acolhida, em parte para ajudar a Prodigy.

Assim que soubemos que a IBM adotaria os modems como itens de série de suas novas máquinas, tramamos um plano para colocar nosso serviço no pacote. Depois de várias discussões com a empresa e muito brainstorming interno, chegamos a uma proposta interessante. Lembramos a IBM de que a Prodigy estava disponível para todos os usuários de PC, de modo que incluir o serviço da Prodigy no pacote não ofereceria uma diferenciação real para os potenciais compradores. Portanto, argumentamos, a IBM deveria ter um serviço proprietário – e nós estávamos prontos para criá-lo. Sugerimos que o serviço tivesse um caráter didático, a fim de reforçar nos pais a sensação de que a compra do computador representaria um investimento na formação de seus filhos. E foi assim que a IBM concordou em nos pagar vários milhões de dólares para criar o Promenade. Desnecessário dizer que a Prodigy não ficou contente.

Também descobrimos um jeito barato e fácil de ir diretamente atrás dos clientes da Prodigy. Como outros serviços online, nossa grande concorrente vinha testando maneiras de monetizar a plataforma. Em algum momento, decidiu cobrar das empresas

Case Family

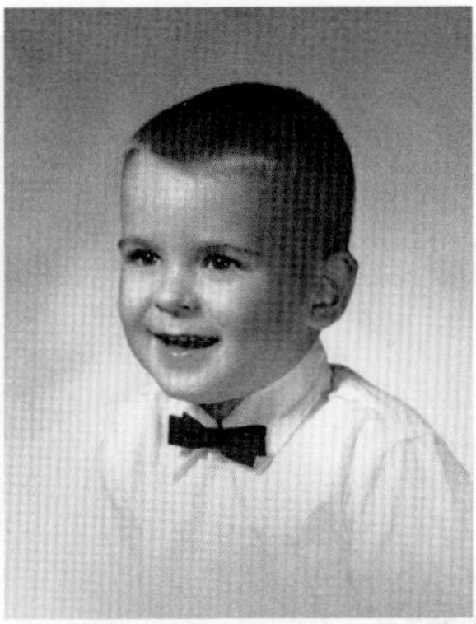

Eu nasci e fui criado em Honolulu, Havaí. Quando fiz 1 ano de idade, o Havaí se tornou o quinquagésimo estado norte-americano.

Suburban Press

Minha família em Honolulu, 1967. Da esquerda para a direita: eu, meu irmão mais velho Danny, meu pai Dan, minha mãe Carol, minha irmã mais velha Carin e meu irmão mais novo Jeff.

Quando frequentei a universidade, Williams College, no final dos anos 1970, eu fui vocalista principal de uma banda – mas não cantava muito bem. Então, decidi mudar de rumo e fui para o mundo dos negócios.

Minha primeira entrevista na TV, no programa *Computer Chronicles*, da PBS, 1986. Eu tinha 28 anos na época – e estava muito nervoso.

Computer Chronicles, Stewart Cheifet Productions

AOL, Inc.

Nossa primeira marca, QuantumLink, lançada em 1985 como "o serviço online que é fácil e agradável de usar, tem custo acessível e é útil". Na época, apenas 3% dos norte-americanos estavam online – em média, somente uma hora por semana.

No lugar que depois se tornou a AOL. Os nossos happy hours de sexta-feira eram uma boa maneira de sabermos o que se passava nas cabeças da nossa equipe. Na foto, estou com o cofundador (e diretor de tecnologia) Marc Seriff; com Keith Barron, um de nossos primeiros funcionários; e com o cofundador Jim Kimsey; 1989.

Amy Arnold

AOL, Inc.

Tela da America Online, por volta de 1999. Em seu auge, a AOL detinha aproximadamente metade do tráfego da internet dos EUA. Foi a época "da internet e muito mais" para a maioria dos norte-americanos. A AOL foi, naquele momento, um misto de Google, Facebook, Twitter, Amazon, Spotify, YouTube e Instagram.

AOL, Inc.

Wall Street, no dia em que a AOL abriu capital na Bolsa de Valores de Nova York. A AOL foi a primeira empresa de internet a abrir capital, passando a valer de US$ 11 milhões para US$ 70 milhões em 1992. Oito anos depois, a AOL atingiu a marca de US$ 160 bilhões, tendo a melhor performance da década na Bolsa de Nova York.

AOL, Inc.

Os CD-ROMs da AOL se tornaram um símbolo norte-americano. Distribuímos centenas de milhares deles nos anos 1990 para incentivar as pessoas a usarem nosso serviço. Funcionou: crescemos de 200 mil clientes em 1992 para 25 milhões uma década depois.

A primeira de muitas capas de revista: a AOL passava de uma empresa desconhecida e irrelevante para uma companhia importante, da qual todo mundo falava. Eu costumava brincar que "estávamos há dez anos fazendo sucesso na noite".

Discutindo com a então primeira-dama dos EUA Hillary Clinton sobre o quanto a internet poderia colaborar na proteção à criança. White House Conference on Children, Violence & Responsibility [Conferência da Casa Branca sobre Violência e Responsabilidade com Crianças], 1999.

David Hume Kennerly

AP Photo

Com o presidente Clinton, observando uma estudante navegar na internet em fevereiro de 2000. Foi um grande acontecimento para a época. A iniciativa PowerUP da Case Foundation, construiu 1.000 centros de informática em comunidades carentes para reduzir a exclusão digital.

Luke Frazza

Reunião com o presidente George W. Bush e o CEO da Disney, Michael Eisner, na Casa Branca. Durante a campanha de Bush em 2000, não consegui convencê-lo a liberar o "livre acesso" à banda larga, e depois isso contribuiu para decidirmos nos fundir à Time Warner. Também pensamos em fazer uma fusão com a Disney, mas essa ideia não foi muito longe.

AP Photo/Lacy Atkins

Depois de anos de rivalidade, AOL e Microsoft anunciaram uma trégua em 1996. Bill Gates concordou em integrar a AOL no Windows, em troca de a AOL integrar a Microsoft em seu browser.

Craig Matthews

Conheci o reverendo Billy Graham em uma conferência em 1998. Nós nos tornamos amigos e viajamos juntos em diversas ocasiões. Foi Graham quem celebrou meu casamento com Jean. Na foto, estamos no jantar de comemoração do Ronald Reagan Freedom Award.

A revista *Fortune* promoveu um fórum global de liderança em 1999, na ocasião do quinquagésimo aniversário do estabelecimento da República Popular da China. Jerry Levin, presidente-executivo da Time Warner conversando comigo e com minha esposa Jean, em Pequim. A semente para a fusão entre AOL e Time Warner foi plantada naquela semana.

Stan Honda

Celebrando o anúncio da fusão entre AOL e Time Warner em 2000, com Jerry Levin e Ted Turner. Estávamos todos sorridentes naquele dia.

Chris Hondros

O tiro "certeiro" do qual mais tarde eu me arrependeria. Concordei em afastar-me do cargo de presidente-executivo da AOL para que ocorresse a fusão com a Time Warner. No dia do anúncio da fusão, eu queria parecer alegre. Depois eu me arrependi disso, porque isso levou à percepção de que eu estava presidindo a AOL Time Warner, não apenas presidindo o conselho.

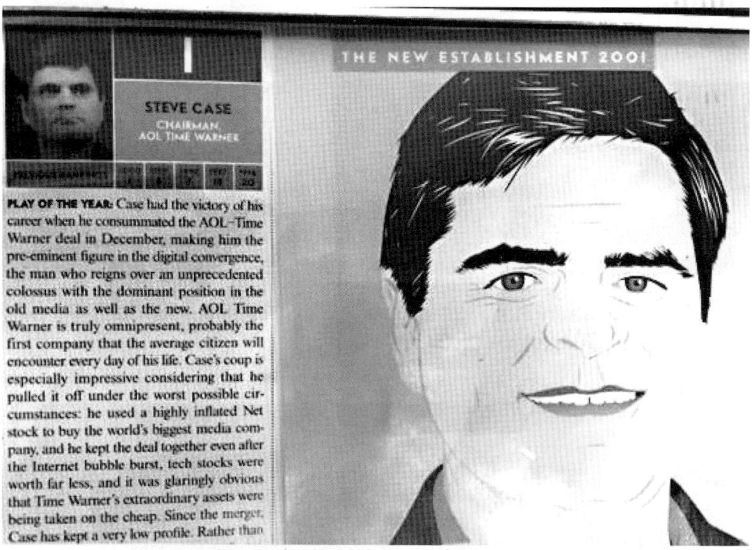

THE NEW ESTABLISHMENT 2001

1

STEVE CASE

CHAIRMAN,
AOL TIME WARNER

PLAY OF THE YEAR: Case had the victory of his career when he consummated the AOL–Time Warner deal in December, making him the pre-eminent figure in the digital convergence, the man who reigns over an unprecedented colossus with the dominant position in the old media as well as the new. AOL Time Warner is truly omnipresent, probably the first company that the average citizen will encounter every day of his life. Case's coup is especially impressive considering that he pulled it off under the worst possible circumstances: he used a highly inflated Net stock to buy the world's biggest media company, and he kept the deal together even after the Internet bubble burst, tech stocks were worth far less, and it was glaringly obvious that Time Warner's extraordinary assets were being taken on the cheap. Since the merger, Case has kept a very low profile. Rather than

Texto: Alan Deutschman; sketch: Peter Stemmler

Em 2000, e novamente em 2001, eu estive na lista *Vanity Fair New Establishment* à frente de nomes como Bill Gates, Steve Jobs, Warren Buffett e Jeff Bezos. Esse sucesso não durou muito. Dois anos depois, eu havia sumido completamente da lista.

Case Family

Cavalgando com Ted Turner em seu rancho em Montana, alguns meses antes da fusão entre AOL e Time Warner. Ted logo se voltou contra mim, e fez lobby para eu renunciar à presidência do conselho.

Jeff Kravitz

Uma célebre noite no Grammy de 2002, com o então presidente-executivo da Time Warner, Jeff Bewkes, e o ex-presidente-executivo Dick Parsons. Os sorrisos acobertavam as crescentes frustrações que culminariam em minha renúncia ao cargo meses depois.

Eric Luse, San Francisco Chronicle

Abraçando meu irmão Dan na conferência de saúde Hambrecht & Quist, em 2002. Infelizmente, ele morreu em decorrência de um câncer no cérebro alguns meses depois. Eu senti como se meu mundo estivesse desabando.

Case Foundation

O trabalho da Case Foundation pelo mundo. Eu e minha esposa Jean numa remota vila na Etiópia, em 2005.

Russell Hirshon para AOL

De volta à sede da AOL em Virgínia, em 2010, quando a AOL celebrou seu vigésimo-quinto aniversário. Foi uma longa, imprevisível, extraordinária e, às vezes, estranha caminhada. Olhando para trás, sempre serei grato pelos que acreditaram na ideia da internet quando isso era apenas algo intangível.

Larry Downing/Corbis

Desembarcando do *Air Force One* após ter voado com o presidente Obama para Cleveland, para lançar a Startup America, em 2011.

AP Photo/Charles Dharapak

Com o presidente-executivo da GE, Jeff Immelt, falando sobre empreendedorismo enquanto esperávamos o presidente Obama no Capitólio dos Estados Unidos, em 2011.

Glen Davis/The Forbes Collection

Discutindo filantropia com Warren Buffett e Bill Gates em 2012, no Forbes 400 Summit. Warren ajudou a pensar no meu próximo passo: fundar a Revolution, uma empresa de investimentos. Depois de nos evitarmos por uma década, tem sido um prazer trabalhar com Bill em iniciativas como a The Giving Pledge.

Getty/Photographer Chip Somodevilla

Com quatro senadores para anunciar a Startup Act 2.0, em 2002. Da esquerda para a direita: senador Mark Warner, eu, e os senadores Marco Rubio, Jerry Moran e Chris Coons.

AP Photo/Carolyn Kaster

Vendo o presidente Obama assinar a lei chamada Jumpstart Our Business Startups Act, com o líder do Congresso Eric Cantor, outros parlamentares e empreendedores, no Rose Garden da Casa Branca, em 2012. Foi um momento de celebração: os dois lados estavam juntos por uma legislação pró-empreendedorismo.

AP Photo/Carolyn Kaster

Desembarcando do *Air Force One* com o presidente Obama, quando propagamos a mensagem "The Rise of the Rest" (@RiseOfRest) [A ascensão do restante], sobre empreendedorismo regional.

Revolution

Atravessamos mais de 6 mil quilômetros e visitamos 19 cidades norte-americanas de ônibus como parte do esforço para promover o empreendedorismo regional. Demos o pontapé inicial em Detroit – uma cidade que já foi o Vale do Silício no século 20, passou por maus momentos e hoje dá sinais de recuperação. Da esquerda para a direita: o empreendedor Dan Gilbert e o governador de Michigan, Rick Snyder.

Case Foundation

Nosso time do movimento "Rise of the Rest" (Ascensão do Restante) celebra a realização de outra viagem de ônibus, dessa vez em Nova Orleans.

Case Foundation

Em todas as paradas do tour Rise of the Rest, promovemos uma competição acirrada entre empreendedores locais. O vencedor de Pittsburgh recebeu um cheque de US$ 100 mil das minhas mãos e das do jurado Franco Harris.

AP Photo/Pablo Martinez Monsivais

Discutindo a reforma do sistema de imigração com o presidente Obama, na Casa Branca, em 2013. A política de imigração é complexa e pode ser carregada de emoção, mas precisamos pensar juntos para conquistar essa reforma de modo equilibrado, para continuarmos vencendo o que agora é uma competição global por talento.

Entrepreneur magazine

Meu foco nos últimos anos tem sido investir na próxima geração de empreendedores e lhe dar mentoria. Aqui estou com os fundadores da Sweetgreen, um restaurante que oferece uma opção mais saudável de alimentação. A Revolution investiu US$ 40 milhões na empresa, e faço parte do conselho.

Case Foundation

Apesar de a iniciativa Rise of the Rest foca principalmente em desenvolver regiões empreendedoras nos EUA, nós visitamos a África, o Meio-Oeste norte-americano e Cuba, na esperança de promover a cultura das startups. Aqui estou com companheiros de Andela, em Lagos, Nigéria, em 2015.

AP Photo/Charles Dharapak

Jantar na Casa Branca em 2014, com o presidente Obama. Eu cursei o ensino médio com "Barry" Obama no Havaí, em meados dos anos 1970. Trinta anos depois, retomamos o contato quando ele foi eleito senador e se mudou para Washington, DC.

Joanne S. Lawton © Washington Business Journal

Na última década, minha empresa Revotution já investiu em cerca de 100 empreendedores. Nós focamos esses investimentos em pessoas e ideias que possam mudar o mundo.

o envio de e-mails por seu sistema de assinantes. Isso nos fez pensar: se qualquer empresa podia usar o sistema da Prodigy a fim de vender produtos por e-mail para seus assinantes, por que não a AOL? Entramos em contato com um executivo de vendas de lá, que não viu problema algum nisso. Logo já enviávamos mensagens com ofertas de assinatura da AOL para os assinantes da Prodigy, usando o serviço de e-mail da própria concorrente. Fomos um dos primeiros clientes desse novo serviço de marketing e rapidamente nos tornamos uma significativa fonte de receita para nossa rival. Contudo, enquanto a Prodigy mobilizava centenas de milhões de dólares para construir sua carteira de clientes, nós pagávamos apenas alguns milhões para falar com uma parcela de seus assinantes, escolhida a dedo. Esse arranjo durou cerca de um ano, até que alguém de um escalão superior se deu conta de que, por mais que gerasse receita em curto prazo, aquilo era um enorme escorregão estratégico.

Outra grande ameaça potencial era a CompuServe. Um dos primeiros serviços online, a companhia pertencia à H&R Block, com sede em Columbus, Ohio. Nos primórdios da internet, a maioria previu que a CompuServe seria o player dominante do mercado. A empresa era muito maior do que a AOL, mas começou a nos observar com alguma preocupação quando começamos a decolar. Assim que nos transformamos em uma ameaça real, a CompuServe tentou nos comprar, fazendo a Jim Kimsey uma oferta inicial de US$ 50 milhões. Quando a proposta subiu para US$ 60 milhões, o interesse pela venda cresceu entre nós. Jim era favorável, pois, preocupado com a chegada da concorrência, estava convencido de que nosso *momentum* inicial poderia se dissipar sob uma provável carnificina promovida por nossas rivais. O conselho se dividiu: metade preferia o dinheiro na mão para abandonar o negócio o mais rápido possível e metade queria manter o curso como empresa independente. Totalmente contrário ao negócio, fui agressivo em minha argumentação. "É insano vender agora", disse ao conselho. "Estamos no final do primeiro tempo, e esse mercado está prestes a decolar." Implorei aos investidores que se lembrassem de nossas ambições grandiosas e ameacei me demitir como forma de protesto caso a venda se confirmasse. No fim, minha opinião prevaleceu, derrubando a aquisição por um único voto.

Uma concorrente menos conhecida era a GEnie, um serviço da General Electric. Quando a GEnie entrou em cena, fiquei bem apreensivo. Em se tratando de concorrentes, a marca mais icônica dos Estados Unidos não costuma ser aquela contra a qual você espera lutar. Eles devem ter sido nossa maior ameaça.

No entanto, o projeto nunca foi uma prioridade para a GE, nem sequer para a divisão de negócios na qual a GEnie nasceu. Era apenas a iniciativa de estimação de um punhado de funcionários, que recebeu pouca atenção e parcos recursos. Em parte por essa razão, a diretora de marketing da GEnie, Jean Wackes, mandou seu currículo para uma vaga em nossa empresa em 1988. Ela começou a trabalhar conosco pouco depois, tornando-se uma de nossas executivas mais importantes. Dez anos mais tarde, nós nos casamos em uma cerimônia fechada em nossa casa, em McLean, Virgínia.

O GORILA DE 360 QUILOS EM SEATTLE

Por maior que fosse o cuidado em monitorar a GEnie, a Prodigy ou a CompuServe, a verdadeira ameaça, a nossos olhos, era mesmo a Microsoft.

Já tínhamos enfrentado dificuldades com a empresa. Logo depois que a AOL abriu seu capital, em 1992, Paul Allen, um dos fundadores da Microsoft, comprou nossas ações – para em seguida comprar mais, cada vez mais rapidamente. De início, ficamos entusiasmados e começamos a discutir com Allen e sua equipe sobre formas de trabalho conjunto. Dissemos que ficaríamos confortáveis se ele fosse dono de até 10% das ações. No entanto, Allen continuou comprando. Ficamos temerosos de que aquilo fizesse parte de um plano para uma tomada de controle hostil (talvez com o investidor atuando como "laranja" da Microsoft, da qual era membro do conselho e também grande acionista). Então, nosso conselho contratou banqueiros de investimento, e eles nos recomendaram o uso de uma "pílula de veneno"* para bloquear essa eventual manobra. O conselho decidiu se reunir para aprovar a medida, que permitiria a Allen ou outros comprar até 15% de nossas ações, nada mais. Com o conselho já reunido para votar a pílula de veneno, soubemos que as compras de Allen tinham acelerado e que ele já passara do limite de 15%. Não tivemos escolha a não ser aumentar o limite para 20%.

Também concluímos que não podíamos confiar em Allen. Essa era a senha para nos colocarmos em pé de guerra, preparando a AOL para o que muitos apostavam que seria uma inevitável tentativa de tomada de controle hostil. A Microsoft tramava seu ingresso no mercado online, e sabíamos que estava em dúvida sobre como fazê-lo: construindo algo por conta própria, investindo em iniciativa alheia ou adquirindo uma empresa online existente. Voei com minha equipe para Seattle a fim de me encontrar com Allen e seus consultores. Nós o informamos de que, com a pílula de veneno, ele agora estava limitado a 20% das ações. Deixamos claro que faríamos uma oposição agressiva a quaisquer tentativas dele no sentido de assumir o controle da AOL. E também afirmamos que, como sentimos que houve quebra de confiança, ele não teria assento em nosso conselho, nem estaríamos dispostos a nos associar com seu nome, em qualquer função. Foi uma reunião difícil. Allen se achava no direito de fazer o que quisesse (em certo momento, ele bradou "Isto é a América!" e sugeriu que nossas precauções eram antiamericanas).

Depois de alguns meses na geladeira, Allen se deu conta de que falávamos a sério. Nós o encorajamos a vender seus 20% e oferecemos ajuda para encontrar um comprador. Passei alguns meses tentando colocar as cotas dele em mãos amistosas, incluindo a Time Warner. Nosso defensor nesse esforço foi Walter Isaacson, então diretor de novas mídias da Time Inc.

---

* Pílula de veneno (*poison pill*, em inglês) é uma estratégia utilizada por companhias de capital aberto para evitar que um investidor sozinho adquira o controle da empresa comprando ações no mercado. [N. T.]

Um dos primeiros – e mais respeitados – parceiros da AOL, Walter foi um dos pioneiros digitais, responsável por levar a *Time* para a internet. Ele enxergou o potencial da rede em um momento em que a maioria das pessoas a considerava modismo e viu um potencial futuro positivo para a Time Warner, se a organização comprasse lotes de nossas ações. Entretanto, não conseguiu apoio interno. O ceticismo quanto à internet estava entranhado na Time Warner – uma lição que eu reaprenderia muitas vezes.

As tensões com a Microsoft continuaram, e logo eu estava de volta a Seattle, dessa vez a convite de Bill Gates. Talvez seja difícil entender o poder dominante da Microsoft na época ou como eles podiam ser agressivos em situações como aquela. Não era a primeira vez que Gates conduzia uma reunião do gênero. Aquilo fazia parte de seu *modus operandi*. Para permanecer no topo, a Microsoft havia criado o hábito de comprar concorrentes potenciais e usar sua liderança de mercado para assegurar contratos amplamente favoráveis. A mensagem era simples: "Aceite nossos termos ou será destruído". Não era uma ameaça vazia.

Quando cheguei a Seattle, sabia o que esperar dele, mas não tinha certeza do que esperar de mim. Será que ele perceberia meu nervosismo? Minhas mãos suadas me entregariam? Esperei por alguns minutos no lobby antes de ser conduzido a seu escritório.

"Entre, Steve", falou Gates, apontando uma cadeira do outro lado da mesa. Trocamos apertos de mão e, então, ele foi direto ao assunto. Começou elogiando efusivamente a AOL, mostrando-se impressionado com o que tínhamos construído, elogiando como a empresa havia sido bem-projetada e observando nossa força crescente. Disse que merecíamos crédito por criar o mercado de consumo online e que deveríamos nos orgulhar. Então, veio a mordida.

"Achamos que o mercado online é extremamente significativo", afirmou, "e quero que você saiba que a Microsoft tem toda a intenção de ser um player dominante". Tentei não reagir, blindando-me para o que viria depois.

Gates me contou de um serviço que a Microsoft estava desenvolvendo, chamado MSN. Funcionaria mais ou menos como a AOL, com a diferença, revelou ele, de que estaria incluído em toda cópia do sistema operacional Windows, da Microsoft. Isso significava que em praticamente todo PC que chegasse ao mercado o MSN seria o portal-padrão para a internet.

"Digo isso por consideração a você, Steve", acrescentou, com a ameaça implícita nas palavras. "Mas há uma alternativa. Nós consideramos a possibilidade de adquirir a AOL, talvez apenas uma parte dela. Se depender de nós, preferimos ter vocês em nossa equipe a deixá-los para trás."

Respondi apenas que levaria a oferta para a AOL e fiz o que pude para não demonstrar reação alguma. No entanto, quando saí do escritório, estava abalado. Era uma ameaça clara, e eu não tinha ideia de como enfrentá-la.

Nosso conselho se reuniu para discutir a proposta da Microsoft. Como empresa de capital aberto, tínhamos uma responsabilidade fiduciária que nos obrigava a considerar qualquer oferta de aquisição. Houve um debate e tanto, já que muitos dos membros eram favoráveis à venda, pois temiam a entrada da Microsoft no mercado. Ao final, porém, consegui convencer o conselho de que vender ainda era prematuro. Se Paul Allen e Bill Gates haviam se mostrado tão ansiosos por comprar a empresa, era sinal de que devíamos estar no caminho certo, argumentei. Depois de analisarmos todos os aspectos em relação a uma oferta formal da Microsoft, encerramos a discussão. Liguei para Gates para informar que nosso conselho decidira que não havia interesse em uma eventual proposta de aquisição, uma vez que tínhamos a crença de que, continuando como empresa independente, ainda seria possível criar muito valor para os acionistas. Gates, parecendo surpreso e um pouco ofendido, lembrou que a Microsoft logo ingressaria no mercado de maneira agressiva, a qualquer custo.

Pouco tempo depois, finalmente conseguimos que o lote de ações de Allen fosse vendido para John Malone, CEO da empresa de TV a cabo TCI (Tele-Communications Inc.). No entanto, uma noite antes de a transação acontecer, Bill Gates ofereceu a

Malone 20% das ações do MSN. Gates não queria a TCI do nosso lado, temendo que Malone ajudasse a convocar a indústria da TV a cabo para apoiar a AOL. Malone desistiu de nosso acordo. (Mais tarde, ele me confessou que foi sua pior decisão de investimento, já que obteve pouco retorno do capital que investiu no MSN e, ao nos abandonar no altar, perdeu a oportunidade de ganhar bilhões como acionista da AOL.) No fim, Paul Allen vendeu suas ações no mercado. A Microsoft, porém, era claramente uma ameaça – e eles faziam questão de que nós soubéssemos disso.

Havia muita tensão na sede da AOL. Sentíamos cada vez mais que a Microsoft poderia facilmente usar seu poder de monopólio para nos varrer para fora do mercado. E a percepção não era apenas interna. O mercado estava igualmente nervoso; nossas ações caíram.

Era importante tranquilizar nossos funcionários, que estavam compreensivelmente preocupados e ansiosos. Então, organizamos uma reunião da empresa que mais parecia um encontro corporativo de autoajuda. Ted Leonsis foi um dos principais palestrantes. Ele encomendou um pôster gigante de dinossauro e o usou como recurso gráfico em seu inflamado discurso de como nós conseguiríamos prevalecer diante da feroz Microsoft. No fim da reunião, a equipe toda assinou o pôster de dinossauro. Todo mundo saiu reenergizado, pronto para a batalha.

UMA BALA DESVIADA

Em agosto de 1995, a Microsoft lançou o MSN simultaneamente com seu novo sistema operacional, o Windows 95. Como Gates prometera – e como nós temíamos –, o MSN agora era uma funcionalidade-padrão do Windows, com seu ícone exibido em destaque na tela de abertura do sistema operacional. Isso, no entanto, não era tudo. A Microsoft decidiu atacar o calcanhar de aquiles da AOL: o preço. Nossa taxa de assinatura mensal incluía o uso de alguns serviços, mas previa a tarifação por hora no caso de serviços premium. Em contraste, o MSN anunciou a oferta de acesso ilimitado à internet pela tarifa única de US$ 19,95 por mês.

Soubemos disso em uma sexta-feira. Naquela noite, decretei que nivelaríamos nosso preço ao do MSN e que teríamos de trabalhar o fim de semana todo para poder divulgar nossa nova tarifa de US$ 19,95 na segunda-feira de manhã. Muita gente de nossa equipe executiva foi contra a decisão, mas eu estava convicto de que ela era necessária para manter nossa competitividade – e de que precisávamos agir rapidamente, antes de o MSN ganhar tração. Na segunda-feira bem cedo, anunciamos a oferta de US$ 19,95 para uso ilimitado. A estratégia funcionou – truncamos a Microsoft no lançamento e garantimos terreno para a AOL.

A ação, porém, teve consequências.

Com o acesso ilimitado, o uso explodiu, criando todo tipo de problema no sistema. Não conseguimos aumentar a capacidade do servidor com a rapidez necessária. A conexão dos clientes caía e, com frequência, eles ouviam o sinal de ocupado quando tentavam usar sua conexão discada.

Ao mesmo tempo, quando viu nossos custos aumentarem e nossas margens caírem, Wall Street entrou em pânico. As ações da AOL despencaram abruptamente. Corremos para Nova York para tentar tranquilizar nossos investidores institucionais, já que muitos pareciam convencidos de que nosso movimento tinha sido precipitado – e provavelmente fatal. Foram necessários alguns meses para resolver as questões operacionais e aumentar a capacidade. Contudo, havia apenas uma forma de acalmar o temor dos investidores: identificar novas fontes de receita para compensar as perdas derivadas da mudança de preço.

Foi aí que começamos a adotar a publicidade e o e-commerce, algo que me deixava desconfortável. Eu nunca tinha sido fã da publicidade online, mas sabia que com um modelo de precificação ilimitado não tínhamos escolha. Lembro-me de uma reunião para discutir o primeiro anúncio a ser veiculado, da Sprint, que, para os padrões atuais, na verdade era bem pequeno. "Será que não tem um jeito de fazer isso... sabe... um pouco menor?", perguntei. "De uma forma que não fique tão visível?" Quase riram de mim, e era difícil culpá-los por isso. Tive de aceitar que a AOL se dirigia inexoravelmente, com o restante da internet, para um tipo de exposição publicitária a qual sugeria que, em vez de prestar um serviço aos clientes, estávamos vendendo ao mercado o acesso até eles.

Ao longo do tempo, o modelo tornou-se lucrativo, e no primeiro semestre de 1996 as preocupações dos investidores amainaram. Apesar da comoção, o MSN nunca conseguiu firmar o pé no mercado. E tínhamos virado completamente a mesa diante da CompuServe. Alguns anos antes, ela tentara nos comprar. Agora, nós é que nos preparávamos para comprá-la. Rupert Murdoch ouviu falar da aquisição e decidiu processar a AOL para bloquear o negócio, alegando que éramos poderosos demais. A News Corp. tinha sua própria concorrente online nascendo – a Kesmai, e Murdoch estava preocupado em não ter como se defender de nós. Christopher Holden, presidente-executivo da Kesmai, reclamou que "a base de clientes da AOL é a única audiência do ciberespaço comercialmente viável no planeta".

Isso soou bem aos meus ouvidos.

5

OS TRÊS PS

Abrir uma startup e acelerar seu crescimento é uma tarefa complicada, em geral caótica, como demonstram minhas experiências iniciais na AOL. Elon Musk certa vez comparou o início de um negócio a "encarar a face da morte".[1] Alguns consideram a analogia lúgubre; outros, excitante – e talvez esteja aí um bom teste para identificar se você tem a motivação básica para abrir um negócio de terceira onda e levá-lo ao sucesso. Do lado positivo, vale lembrar que o impacto de sua ação em termos de melhorar vidas e de criar valor não poderia ser maior. As startups da terceira onda, em conjunto, vão moldar aquele que deverá ser um dos capítulos mais estimulantes da história do empreendedorismo norte-americano. Elas serão impulsionadas por pensadores corajosos e ambiciosos, pessoas que sabem como navegar com confiança por desafios estrategicamente complicados – e que apreciam essa oportunidade.

Os superastros da terceira onda terão visões corajosas, mas seu verdadeiro dom será dominar a execução. A AOL não estava sozinha ao acreditar na internet, porém ultrapassou suas concorrentes por ser melhor na execução. As grandes empresas, como IBM e GE, em tese deveriam ter prevalecido, só que não foi assim. Elas foram prejudicadas pela falta de agilidade, pela ausência de cultura e paixão empreendedora.

Quando converso com aspirantes a empreendedores, com frequência percebo as pessoas animadas com as possibilidades do futuro imediato, mas preocupadas com a mesma questão básica: "O que preciso fazer de diferente para começar uma empresa da terceira onda?".

Digo-lhes que tem tudo a ver com três Ps: parceria, política e perseverança.

1. PARCERIA

Há um antigo provérbio africano de que gosto muito: "Se quer ir rápido, vá sozinho. Se quer ir longe, vá junto". Por mais simples que soe, acho que esse conselho é uma das lições mais importantes quando aplicado aos negócios. Ele é especialmente válido no ambiente da terceira onda, em que o sucesso de uma empresa dependerá das parcerias que seus líderes conseguirem forjar – às vezes, até com as próprias organizações que seriam os rivais a superar.

Durante a segunda onda da internet, algumas das companhias mais bem-sucedidas foram aquelas que essencialmente otimizaram um aplicativo de nicho, descobriram uma forma de ganhar impulso e, então, beneficiaram-se de uma adoção viral. Elas seguiram um manual que vai direto ao ponto – foco no produto, foco no público, sem se preocupar com a monetização antes de agregar milhões de usuários.

Na terceira onda, um ótimo produto só garantirá à empresa chegar a esse ponto. Em regra, o empreendedor não será capaz de construir sua audiência apenas subindo um aplicativo na App Store e esperando que os usuários o baixem. Isso porque a maioria dos setores terá *gatekeepers*, ou guardiões. É o caso, por exemplo, dos principais tomadores de decisão nos distritos escolares, responsáveis pela aprovação de quaisquer produtos relacionados com o aprendizado em sala de aula. Esses controladores de acesso estão presentes também em setores como saúde, transporte, finanças e alimentação.

Na maioria das vezes, o sucesso dependerá da capacidade do empreendedor de estabelecer parcerias construtivas com os próprios tomadores de decisão ou, pelo menos, com organizações e indivíduos capazes de influenciar a tomada de decisão. Sozinha, uma empresa não chegará a lugar algum em tempos de terceira onda.

A trajetória do trabalho da Apple com o iPod é ilustrativa. Steve Jobs viu grande potencial nos MP3 players portáteis quando eles surgiram nos anos 1990. No entanto, ele e seus executivos surpreenderam-se com a forma tosca como as empresas estavam apresentando a novidade ao mercado. "Os produtos eram horríveis", disse à *Newsweek* Greg Joswiak, vice-presidente da Apple. Jobs então montou uma equipe dedicada à oportunidade.

"Picasso tinha uma frase: 'Bons artistas copiam; ótimos artistas roubam'", explicou Jobs, segundo seu biógrafo Walter Isaacson. "E nós nunca tivemos vergonha de roubar grandes ideias." O nascente MP3 player e o setor de música online não foram exceção.

Encontrei-me com Jobs para discutir o negócio da música cerca de um ano antes de ele lançar o iPod. Nós nos sentamos em um canto escuro de um tranquilo restaurante japonês em São Francisco, torcendo para que ninguém nos reconhecesse e pudéssemos conversar em paz. Na época, ele ainda estava imaginando o iPod e ficou animado quando tocou nesse assunto. Achei uma ótima ideia e o encorajei a continuar a desenvolvê-la, garantindo-lhe que faria todo o possível para apoiá-lo. A AOL, mais tarde, ofereceu-se para ser a loja de músicas online do iPod, mas Jobs decidiu criar o próprio canal de distribuição, o iTunes.

Pouco depois, Jobs colocou Tony Fadell, um engenheiro da Apple, à frente do projeto do iPod, fazendo-lhe três exigências: tinha de ser rápido, simples e bonito. Além disso, deveria estar pronto para o Natal. Fadell trabalhou com Phil Schiller, Jony Ive e outro talento da Apple – e eles cumpriram o prazo. A Newsweek descreveu o produto com entusiasmo, como "um polímero de cristal duplo Antarctica, um vazio que grita em cores brilhantes no metrô lotado".* O iPod seria lançado junto com o iTunes.

Mesmo assim, independentemente da beleza do iPod ou da engenhosidade de seu software, a Apple não poderia ir ao mercado sozinha. Ainda precisava licenciar o conteúdo musical, o que significava construir uma parceria funcional com as mesmíssimas empresas que seriam ameaçadas caso o dispositivo fizesse sucesso, popularizando de vez o setor de música online.

A Apple enfrentou esse problema de maneira inteligente e habilidosa. Ao abordar as detentoras dos direitos sobre as músicas, acenou com o tranquilizador argumento de que o iTunes só funcionava nos computadores Macintosh, que na época tinham meros 2% de participação no mercado. A Apple apresentou o iTunes como um laboratório seguro para as gravadoras, como a oportunidade para o setor testar um modelo diferente, aparentemente sustentável, uma solução alternativa aos infinitos processos judiciais antipirataria – a estratégia inicial da indústria da música até aquele momento. O

* O repórter se referia ao polímero de cristal líquido duplo utilizado na tela do aparelho. [N. T.]

discurso funcionou. Se Jobs tivesse sido mais franco quanto a sua ambição secreta – ou seja, se tivesse admitido que estava visando 1 bilhão de usuários –, provavelmente não teria conseguido as licenças e o iTunes teria ido pelo mesmo caminho da malfadada Home Music Store, de Bill von Meister.

Essa manobra exigiu que a Apple caminhasse na corda bamba, mas teria sido até mais difícil para qualquer outra empresa. Quando Jobs foi conversar com os selos musicais, tinha o respaldo de sua própria marca, conhecida e respeitada, além da capacidade de colocar sobre a mesa de negociação ideias, recursos e uma estratégia sabidamente arriscada.

Se uma pequena startup tivesse a mesma ideia, quais suas chances de agendar uma reunião com as grandes gravadoras? Mesmo que tivessem tal chance, qual a probabilidade de os principais nomes do setor musical confiarem em uma empresa desconhecida a ponto de cogitar uma parceria? A falta de credibilidade talvez seja o grande desafio para as startups da terceira onda, mas é algo que pode ser superado. Só exige parceiros – muitos e diferentes entre si. Parceiros que emprestem prestígio, impulsionem o projeto e criem uma noção de inevitabilidade em torno do negócio.

Esse foi um desafio especialmente crítico nos primeiros dias da AOL. Tínhamos de construir credibilidade – e uma noção de viabilidade – não só para nossa empresa, mas para todo um setor emergente. Precisávamos convencer os potenciais parceiros, primeiro, de que a internet se tornaria parte central da vida cotidiana e, segundo, de que valia a pena apostar na pequena AOL, mesmo que houvesse um punhado de grandes organizações prestes a explorar o novo mercado. Não podíamos fazer isso sozinhos e tínhamos de começar pequenos. Nosso primeiro acordo foi com a Commodore, o que nos ajudou a firmar a parceria seguinte, com a Tandy. Graças a esses dois negócios, conseguimos fechar com a Apple e, depois, com a IBM. Por meio das transações feitas com todas essas companhias, conquistamos a credibilidade que nos permitiu levantar capital e decolar de vez no mercado.

Jamais haveria financiamento para a AOL se tivéssemos dito: "Vamos criar essa empresa por conta própria e entraremos no mercado por conta própria". Foi exatamente isso que fez nossa maior concorrente – a Prodigy –, mas com o respaldo de US$ 1 bilhão para investir. Sem parceiros, não seria possível concorrer contra ela. Nossa única chance era costurar alianças suficientes para criar uma noção de viabilidade – e, quem sabe, mais tarde, de inevitabilidade – para a AOL.

Com frequência, forjar parcerias externas depende do reforço da equipe interna. Um desenvolvedor brilhante que cria uma tecnologia de rastreamento de pacientes por hospitais dificilmente chegará ao público – ou a uma audiência atenta – da comunidade médica só com sua reputação. A receptividade muda, no entanto, se esse mesmo desenvolvedor apresentar-se com seu mais novo membro da diretoria, um ex-presidente da Cleveland Clinic: é um passo decisivo no sentido de fechar mais uma parceria, que, se concretizada, provavelmente dará início a um ciclo virtuoso de cultivo de credibilidade. Tais apoios podem atrair investidores em prospecção. Por sua vez, investidores de boa reputação tendem a ampliar ainda mais a credibilidade do fundador do empreendimento, abrindo a possibilidade de levantar uma nova rodada de financiamento, com outros participantes.

Garantir parcerias pode ser muito difícil. Em 2005, criei uma empresa chamada Revolution Health, com o objetivo de (como manifesta o nome) revolucionar o setor de saúde. Recrutei um time dos sonhos de investidores e membros do conselho, fiz afirmações corajosas sobre nossos planos e ambições e lancei uma iniciativa de larga escala para atrair as parcerias certas. Investimos em uma empresa que oferecia exames médicos em lojas de varejo e em outra companhia de serviços de concierge a distância na área de saúde. Compramos uma desenvolvedora que criara um software de gestão pessoal da saúde, bem como outra que ajudava pequenos empreendimentos a montar os próprios planos de assistência médica.

Parte da iniciativa funcionou. Vendemos uma das empresas para a Towers Watson por US$ 435 milhões. Outra, a Everyday

Health, é hoje uma companhia de capital aberto. A maior parcela desse esforço, contudo, deu em nada. Houve um problema evidente de timing: muito da tecnologia necessária para revolucionar o setor não estava disponível para nós na época. No entanto, não foi apenas isso. Tentamos fazer coisas grandiosas cedo demais e falhamos na hora de garantir as parcerias cruciais. Chegamos perto de conseguir o uso da marca Mayo Clinic por nossas clínicas de assistência médica de conveniência. Também quase conseguimos que o Walmart se associasse a nós. Contudo, não foi possível levar as discussões até a linha de chegada. Tanto a Mayo Clinic como o Walmart concluíram que se tratava de um passo excessivamente precoce e arriscado.

Parcerias são um pré-requisito para o sucesso na terceira onda. E isso pode resultar em um "ardil-22",* no qual a empresa precisa fechar uma parceria antes de ser financiada, mas não o consegue sem apresentar uma prova do conceito (ou, pelo menos, uma prova de vida). Superar esse obstáculo exige persistência – e paciência.

Para quem já trabalhou fora da área de tecnologia, esse conselho talvez soe fácil e óbvio. Entretanto, quem já atuou no setor sabe como pode ser difícil. No mundo tecnológico, há uma atitude e uma cultura em que dinheiro e mérito se equivalem e as pessoas são celebradas por sua impetuosidade.

Durante a segunda onda, esse comportamento fanfarrão em geral funcionava a favor das empresas, mas principalmente porque elas não tinham de construir parcerias. Na terceira onda, essa mesma atitude pode ser devastadora para as perspectivas de um empreendimento. Estamos falando de um período em que a ruptura dos padrões não deve ser um mantra, e sim uma estratégia. Por maior que seja a excelência do produto, são as habilidades de parceria que podem determinar o sucesso ou o fracasso de um negócio.

* Referência ao romance *Catch-22*, de Joseph Heller, traduzido no Brasil como *Ardil-22*. O termo é usado no sentido de beco sem saída, armadilha, situação incontornável. [N. T.]

Vimos isso com a ascensão dos MOOC (*massive open online courses*, ou cursos online abertos e massivos). A ideia original era a de que as empresas ofereceriam uma plataforma de aprendizado na qual qualquer um pudesse ser professor ou aluno. No entanto, não demorou muito até que as pessoas por trás dessas iniciativas se dessem conta de que tinham de reformular a ideia para um modelo comercial, vendendo a plataforma para empresas e não para consumidores. E, para ganhar credibilidade, elas perceberam, precisavam se associar a Harvard, MIT (Massachusetts Institute of Technology) e outras escolas de ponta, trazendo marcas de prestígio como forma de garantia de qualidade do aprendizado, tranquilizando os clientes corporativos.

O problema foi que, confiantes no poder da tecnologia central dos MOOC de revolucionar o setor educacional, essas plataformas fizeram barulho demais ao entrar no mercado. Chegaram à insensatez de declarar publicamente que as universidades tradicionais eram irrelevantes e que seriam excluídas do negócio. Até o dia em que, percebendo a necessidade de reformular seus conceitos, tiveram de buscar parcerias com as mesmas instituições que outrora criticaram. Então, uma das principais empresas de MOOC, a Coursera, contratou um ex-dirigente de Yale como CEO, e a credibilidade e os relacionamentos que ele trouxe consigo foram vistos como críticos para o futuro da empresa.

2. POLÍTICA

Os setores da terceira onda estão entre os mais regulamentados dos Estados Unidos – geralmente por um bom motivo. Ninguém quer que existam negócios que vendam remédios não aprovados pela FDA (Food and Drugs Administration, a agência norte-americana de vigilância sanitária) ou que produzam comida prejudicial à saúde de nossos filhos. Ninguém deseja que uma startup lance carros autoguiados nas ruas ou drones autocomandados no céu, a menos que se tenha certeza de que são seguros. Ainda que seja para produzir energia eólica ou solar, por exemplo, empresas não podem construir coisas no mundo real com a liberdade desfrutada no mundo virtual.

Independentemente do mérito da regulação, isso não vai mudar. Há, como deve mesmo haver, batalhas sobre regulamentações desnecessárias, porém as mudanças pretendidas, embora significativas, não deixarão de ser marginais em comparação com o tamanho do regime regulatório.

O governo sempre desempenhará um papel nas empresas da terceira onda, e isso significa que os empreendedores precisam ter uma compreensão ampla das questões políticas com as quais terão de lidar. Nos Estados Unidos, as novas plataformas de empréstimo necessitam do aval da SEC (Securities and Exchange Commission, a comissão de valores mobiliários norte-americana). Testes de genética personalizada dependem da aprovação da FDA. Dispositivos de entrega não podem voar sem autorização da FAA (Federal Aviation Administration, agência reguladora da aviação). E a lista continua indefinidamente.

Os empreendedores da terceira onda precisam se engajar com os governos. O desafio, claro, está no fato de que poucos têm inclinação, tempo ou vontade para se transformar em especialistas em legislação. Portanto, será necessário contratar tais profissionais – ou pelo menos confiar neles – desde o começo. Muitas companhias não conseguirão obter financiamento de risco sem demonstrar uma estratégia crível de entrada no mercado, incluindo seu plano para lidar com questões regulatórias. Independentemente de quão boa seja a ideia, uma empresa da terceira onda sem uma estratégia clara no campo regulatório representa um risco para os investidores. Não que o sucesso seja impossível, mas tudo indica que se trata de uma aposta difícil de triunfar.

Assistimos aos fatores de risco mudarem conforme a evolução de cada onda da internet. Na primeira, o risco da tecnologia – sintetizado na pergunta "Você consegue fazer?" – era a maior preocupação. Na segunda, o risco de mercado prevaleceu – "Se você fizer, as massas vão adotar?". Já na terceira onda, o risco político-regulatório se tornará mais importante – "Você será capaz de navegar pelas regras e levar seu produto ou serviço com sucesso ao mercado?".

3. PERSEVERANÇA

Perseverança é parte da história de *toda* empresa bem-sucedida. No entanto, o empreendedorismo da terceira onda exigirá um tipo especial de atitude. Isso porque, nesse novo ambiente, qualquer grande ideia encontrará dezenas de obstáculos a sua viabilidade, não apenas com hardware e software mas também com logística e cadeias de fornecimento, com parcerias e regulamentos. Qualquer um desses obstáculos, claro, pode ser fatal: basta uma parceria dar errado ou um regulador impor objeções para o negócio ficar à deriva. Contudo, as coisas podem mudar rapidamente na terceira onda. Em 2014, quando a empresa de testes de genética 23andMe foi proibida pela FDA de vender seus produtos, muitos observadores previram o fim do negócio. Menos de um ano depois, porém, a companhia obteve isenção especial da FDA e reativou suas vendas. Se não tivesse perseverado, ela não conquistaria essa vitória.

A AOL demorou dez anos para construir seu dito "sucesso da noite para o dia" e teve muitas experiências de quase morte antes de prosperar. O mesmo vai acontecer com muitas empresas da terceira onda. Alguns fenômenos ocasionais sairão do nada, porém a próxima geração de empreendedores tem de estar preparada para um longo caminho. Haverá a exigência de alto nível de adaptabilidade. O produto inicial pode não sobreviver ao primeiro contato com o mercado ou com as agências reguladoras, ou talvez os parceiros demandem ajustes. Caberá ao empreendedor continuar evoluindo, afinando ou reformulando seu projeto.

Os vencedores da terceira onda serão aqueles que se dedicarem à caça de ideias de alto impacto com senso de urgência, mas também com método e diplomacia. As empresas terão de encontrar o equilíbrio perfeito entre duas posturas conflitantes. De um lado, o sucesso revolucionário depende, de certa maneira, da ignorância. Exige uma perspectiva diferente e a capacidade de enxergar novos paradigmas, sem ceder ao peso do dogma do legado. Os fundadores do PayPal gostam de dizer que, se tivessem trabalhado no setor de cartões de crédito, teriam sido medrosos demais para se aventurar por seu negócio. Nesse sentido, há desvantagem em pensar com a cabeça de alguém que conhece e é estabelecido em determinado ramo. De outro lado, contudo, entender a dinâmica inerente a cada movimento setorial e ter visão clara das parcerias potenciais e questões regulatórias tende a ser, cada vez mais, um pré-requisito para o sucesso – ou, pelo menos, para remover grandes obstáculos da pista. Os empreendedores da terceira onda, portanto, devem encontrar um modo de conciliar ambos os pontos de vista: o exame atento às nuances da realidade estabelecida e a mentalidade aberta à ruptura dos padrões, típica do empreendedor.

6

PERDÃO PELA RUPTURA

Conforme a terceira onda se aproxima, muitas empresas estabelecidas, estáveis e lucrativas entram em risco. Um relatório de 2015 da Reuters observou que "os maiores executivos de muitos gigantes corporativos devem se sentir como o personagem ficcional Gulliver, descobrindo, ao despertar, que estão sob o ataque de liliputianos dos tempos modernos – pequenas startups que superam seus rivais com novas tecnologias". Muitos desses setores, de certa maneira, foram imunes a mudanças tecnológicas nas primeiras duas ondas da internet e, por consequência, talvez subestimem a próxima onda. Estarão arriscando a própria pele.

Diversas empresas vão ficar à margem da realidade, assumindo que tudo continua bem. Seguirão uma longa fila de companhias que um dia foram celebradas, mas que falharam em se adaptar e, então, fracassaram em sobreviver. Talvez seja por isso que vários líderes de negócios estimaram, em pesquisa de 2015 feita pelo Global Center for Digital Business Transformation, que quase metade das empresas no topo do ranking de seus setores terá desaparecido em 2020. No entanto, a terceira onda não é apenas um fato consumado contra o qual as empresas devem se defender – as melhores equipes de liderança logo a identificarão como oportunidade da qual se pode tirar vantagem. Peter Diamandis, fundador da organização sem fins lucrativos Xprize, observa: "Os empreendedores não são mais espertos que as companhias estabelecidas; eles apenas experimentam ideias mais loucas, dão mais chutes a gol". Alguns líderes corporativos certamente podem desenvolver essa estratégia de chutar mais vezes a gol – para logo abraçar tais oportunidades, em vez de ter de correr atrás delas.

Uma interpretação convencional poderia classificar as startups como o futuro e as empresas tradicionais como relíquias de um mundo que não existe mais. No entanto, muitas das maiores companhias estabelecidas fervilham de talentos e recursos, criando produtos inovadores o tempo todo. Em 2014, por exemplo, a Johnson & Johnson gastou mais do que o Google em pesquisa e desenvolvimento. No mesmo ano, as empresas de tecnologia responderam por menos de 10% do total de P&D no universo corporativo (embora o crescimento relativo mais rápido tenha acontecido nos setores de software e internet). A maior parte das grandes ideias do mundo ainda está sendo incubada fora das startups.

Considere o carro autoguiado, tecnologia que conquistou a imaginação de executivos do Google e do Uber, os quais competem para desenvolver um veículo apto a ganhar as ruas para redefinir o modo como nos deslocamos diariamente. Essa ideia não nasceu no setor de tecnologia de ponta, e sim no da agricultura. Muitos fazendeiros operavam tratores autoguiados bem antes de o Google invadir essa área. A John Deere, com sede em Illinois, já desenvolvia sistemas de navegação por GPS para suas máquinas havia mais de 20 anos – antes mesmo de o Google ter sido fundado.

Na época, os executivos da John Deere provavelmente não avaliaram bem a dimensão do que tinham em mãos nem reuniam condições para construir a partir do zero toda uma divisão de carros autoguiados. Mas e se eles tivessem criado uma companhia subsidiária para comercializar essa tecnologia ou a licenciado para um parceiro? Talvez a John Deere, uma empresa de quase 200 anos, pudesse ter se tornado uma das líderes do segmento de transporte da terceira onda.

Em alguns setores, os negócios mais bem-sucedidos do futuro próximo podem muito bem estar nas mãos de empresas tradicionais bem-estabelecidas, desde que estas levem a terceira onda a sério o bastante para navegar por ela. E o que é necessário para chegar lá?

PARA SURFAR A ONDA

Tudo começa com o desenvolvimento de um ponto de vista – a hipótese de que o mundo está mudando. O simples ato de um CEO abraçar e articular essa visão de mundo é essencial. Trata-se de uma forma de instaurar na empresa um clima que mescle paranoia e curiosidade, de espalhar a inquietação entre as pessoas, para que elas deixem suas zonas de conforto. É também um jeito de expressar otimismo, em vez de apreensão, diante do futuro, o que naturalmente faz com que os colaboradores prestem mais atenção ao que está acontecendo em seu setor, com os olhos abertos para o que pode ocorrer em seguida. Essa postura tende a valorizar os talentos da companhia que estão vendo o que há depois da esquina, dando-lhes suporte – tanto emocional como financeiro – para inovar.

As organizações estabelecidas com frequência vão a pique quando subestimam a velocidade com que o futuro está se aproximando. Já os empreendedores de startups pensam no futuro todo dia. Nos Estados Unidos, os investidores de risco procuram empresas com potencial de chegar a pelo menos US$ 100 milhões de receita e abrir o capital. No mundo das startups, somas de dinheiro descomunais estão financiando algumas das maiores ideias dos tempos atuais. É apenas uma questão de tempo antes de o empreendedor certo com a ideia certa conectar-se ao fundo de investimento certo. A mentalidade corporativa tradicional procura evitar erros, mas, em um mundo que muda rapidamente, o maior dos erros está em não fazer nada. Às vezes, esperar que as coisas aconteçam pode ser bem mais arriscado do que dar um salto de fé.

As companhias tradicionais também podem fracassar por causa do tamanho de suas estruturas. Grandes empresas, em geral, apresentam um processo de tomada de decisão que envolve muitas pessoas com poder de veto, mas poucas com autoridade para dar luz verde a uma ideia com potencial disruptivo. Isso cria um ambiente no qual há forte tendência ao negativismo.

Os objetos vistos no espelho estão mais perto – bem mais perto – do que aparentam. Um dos maiores erros que as empresas tradicionais cometem é negligenciar o impacto da tecnologia nascente. Com muita frequência, os executivos das grandes corporações têm visão estreita e não enxergam como a tecnologia que está rompendo outro setor produtivo poderia ser adaptada para revolucionar o próprio campo de atividade, em benefício próprio. Os líderes da FedEx e da UPS, por exemplo, assistem hoje à ruptura que o Uber causa no segmento dos táxis. Estarão elas imaginando o que aconteceria se o Uber também ingressasse no serviço de entrega de encomendas?

Os recrutadores corporativos precisam trabalhar mais tempo para contratar, reter, recompensar e proteger os inovadores dentro de suas paredes. Há um mito no mundo da tecnologia de que os melhores talentos gravitam na órbita das startups. No entanto, a verdade é que muitos dos mais inteligentes e criativos profissionais do mundo trabalham em algumas das maiores e mais antigas companhias. A Siemens emprega 90 mil pesquisadores. A Monsanto tem em seu quadro uma parcela das mais argutas mentes em tecnologia agrícola. Os laboratórios de pesquisa da GE estão repletos de brilhantes PhDs. Talento bruto não falta; a questão é como mobilizá-lo para inovar. Não basta contratar esses pensadores. É preciso dar-lhes voz, além de recursos e proteções que lhes permitam comercializar suas ideias. Eles devem ter condições de disputar o jogo de igual para igual com seus competidores nas startups.

O desafio para os CEOs das 500 maiores empresas da *Fortune* é alavancar vantagens de escala, ao mesmo tempo em que injetam o gosto pela velocidade e estabelecem uma cultura de risco em seus negócios. No Facebook, os engenheiros são encorajados a "mover-se rápido e quebrar tudo", não porque Mark Zuckerberg seja temerário, e sim porque ele entende que inovadores precisam de espaço para assumir riscos. Na maioria das grandes empresas, os talentos não têm estímulo nem mesmo para compartilhar suas ideias. É um comportamento autodestrutivo, que se retroalimenta.

ABRACE A AUTORRUPTURA

Em última análise, essas transformações vão exigir companhias dispostas a romper consigo mesmas. Como Steve Jobs uma vez colocou, "se você não se canibalizar, alguém o fará". Mesmo assim, os desafios da autorruptura são muito grandes para empresas tradicionais e se tornaram famosos graças ao professor de Harvard Clayton Christensen e seu livro *O Dilema da Inovação* (M.Books). Como ele escreve, o maior desafio para as organizações bem-sucedidas está em focar as atuais preferências dos consumidores e, ao mesmo tempo, preparar-se para suas futuras preferências. Em entrevista à CBS, Jeff Bezos foi sucinto: "A Amazon sofrerá uma ruptura um dia. Não me preocupo, porque sei que é inevitável".

Algumas empresas atravessaram com êxito esse processo. O crescimento sem precedentes da Apple exigiu a destruição de alguns de seus produtos mais lucrativos. O iPhone afetou as vendas do iPod; o iPad canibalizou o MacBook. A Amazon foi outra que se moveu rapidamente nesse sentido. Tendo construído sua reputação e receita com a venda de livros impressos, a empresa reconheceu que o e-book dominaria o futuro e pavimentou o caminho para isso, construindo hardware e software. Agora, domina tanto a área do livro físico como a do virtual.

Mesmo quando há o desejo de desafiar o *status quo*, os CEOs costumam ser penalizados caso se inclinem excessivamente para o futuro, exagerando no volume de investimentos ou assumindo riscos além da conta. Na PepsiCo, a presidente-executiva Indra Nooyi impulsionou a estratégia de diversificação, reconhecendo que a mudança das preferências alimentares poderia ter consequências de longo prazo para uma empresa conhecida por vender bebidas açucaradas e salgadinhos calóricos. Ao fazê-lo, porém, causou revolta em alguns acionistas, convencidos de que a tentativa de autorruptura de Nooyi prejudicava a cotação das ações no presente. Se Nooyi sobreviveu, a CEO da DuPont, Ellen Kullman, não teve a mesma sorte. Apenas um dia depois de a Bloomberg Markets apontá-la como uma das pessoas mais influentes nos negócios, Kullman foi forçada a deixar o cargo. Era o desfecho de uma longa batalha com um acionista ativista irritado, entre outras coisas, com o fato de a empresa investir US$ 2 bilhões por ano em P&D.

O mesmo tipo de problema importunou a Kodak. O senso comum afirma que a gigante do setor fotográfico não viu a era digital chegar. Não é bem assim. Na verdade, a primeira câmera digital foi inventada na Kodak em 1975 por Steven Sasson. A empresa tomava atitudes bem à frente de seu tempo, incluindo uma parceria com a AOL. Era mais do que sabido que a ascensão do digital representava uma ameaça ao negócio central no longo prazo, mas os gestores estavam mais preocupados com o curto prazo. Segundo James Estrin, repórter do *The New York Times*, quando os executivos da Kodak perguntaram quando o meio digital poderia concorrer com o filme fotográfico, Sasson estimou um prazo de 20 anos. "Se você conversa com um bando de líderes corporativos a respeito de um futuro de 18 ou 20 anos – quando nenhum desses caras ainda estará na empresa –, eles não ficam muito empolgados", observou Sasson a Estrin. Infelizmente, a Kodak pediu falência em 2012.

A VEZ DE JOGAR NO ATAQUE

Grandes empresas têm mais poder do que imaginam. Elas dispõem de escala e parceiros, compreendem a política regulatória do setor e, muitas vezes, possuem alcance global. Trata-se de bens muito valiosos na terceira onda (bem mais do que no contexto da segunda), que darão às maiores corporações do mundo a oportunidade de jogar no ataque, com confiança. Aprenda a lição do manual de Wayne Gretzky: ele foi um ótimo jogador de hóquei porque patinava no rumo que o disco ia tomar, e não na direção de onde ele estava.

SE NÃO PODE CONSTRUIR O FUTURO, INVISTA NELE

Enfim, as empresas estabelecidas podem se dar bem na terceira onda se descobrirem maneiras apropriadas de se envolver com os novos empreendedores, investindo em seus negócios e tornando-se acionistas deles. Algumas companhias tradicionais desenvolveram fundos de investimento de risco internos – entre outras funções, a iniciativa serve como uma espécie de radar de ideias emergentes, algumas das quais podem levar a parcerias lucrativas. Outras criaram uma "tropa de elite" de profissionais dedicados exclusivamente a fazer conexões com startups, realizando uma espécie de serviço de concierge para ajudar a construir pontes entre executivos e empreendedores. É uma forma de garantir que ideias promissoras sejam encaminhadas à pessoa certa dentro da empresa financiadora – e que esta tenha a chance de investir em um futuro que não é capaz de construir sozinha.

Em última análise, as grandes corporações deveriam ver na terceira onda tanto uma oportunidade extraordinária como uma ameaça a sua existência. Os executivos mais bem-sucedidos abraçarão o novo com rapidez e agilidade. Romperão os silos dentro da companhia, incentivarão a colaboração entre divisões e lançarão um olhar para além de seu setor, em busca de parcerias. E é desse patamar que terão a visão privilegiada de competidores, outrora celebrados, entrando em colapso sob a força disruptiva do empreendedorismo da terceira onda da internet.

7

A ASCENSÃO DO RESTANTE

Imagine uma bela tarde de fim de maio em Palo Alto. A turma de 2040 acaba de se graduar na Stanford University. Conheça Jessica. Ela é uma norte-americana de segunda geração. Formou-se em políticas públicas e, como a maioria de seus colegas, em ciência da computação. Era a primeira da classe. Jessica pode ter o emprego que quiser – e já recebeu várias ofertas de algumas das empresas mais inovadoras do mundo na terceira onda.

Depois de atirar o capelo para o alto e se livrar da beca, ela ajeita suas malas no carro elétrico autoguiado, embarca e informa seu destino ao sistema de assistência inteligente do veículo. Conforme o automóvel deixa o campus, ela resolve assistir à maratona daquele seriado clássico – *Silicon Valley*, de que seus pais tanto falam –, e as imagens logo começam a ser projetadas no para-brisa. Jessica, porém, não está indo para São Francisco. A promissora recém-formada ruma para Nova Orleans. E nenhum de seus colegas está surpreso com isso.

Na época em que Jessica e seus pares estiverem se graduando, daqui a 25 anos, o cenário do empreendedorismo nos Estados Unidos será muito diferente do atual.

Desde a primeira onda da internet, o capital de risco no país concentrou-se geograficamente. Em 2014, três quartos de todos os dólares destinados a investimento de risco fluíram para apenas três estados – Califórnia, Nova York e Massachusetts –, levando com eles, claro, os mais empreendedores entre os recém-formados das melhores faculdades. Eles seguem o dinheiro, e o dinheiro os segue. Ao longo do tempo, esse arranjo perpetuou um círculo virtuoso – um ecossistema financeiro –, no qual os grandes inovadores e os mais ousados investidores convivem em alguns poucos lugares com alto tráfego de boas ideias.

Não há nada errado com tal sistema. Ao contrário, a formação desses clusters de inovação, bem como dos ecossistemas colaborativos que emergiram em seu entorno, ajudaram a tecnologia a avançar. Não queremos que esse progresso pare. No entanto, com o setor de tecnologia adensado em tão poucas áreas, a maioria dos ganhos econômicos também ficou concentrada, transformando o Santa Clara Valley em uma das regiões mais ricas de todo o mundo. O fenômeno fez surgir um amplo corredor de empresas dos setores médico e biotecnológico em Massachusetts, o que, por sua vez, gerou empregos e ampliou a arrecadação de impostos pelo poder público.

Em grande parte por causa dessa concentração, os benefícios econômicos do crescimento das companhias de tecnologia não se fizeram sentir em muitos lugares nos Estados Unidos. Embora provavelmente façam uso das mesmas funcionalidades de smartphones avançados, os consumidores de Ohio são menos suscetíveis a criar um aplicativo por conta própria do que seus compatriotas de Nova York, por exemplo. Nos contextos da primeira e da segunda ondas, se um engenheiro em Nashville quisesse começar a própria empresa digital, sua única opção real seria mudar de endereço, rumo à costa.

Essa dinâmica tem provocado uma espécie de êxodo digital dentro dos Estados Unidos. Há no país muitos empreendedores cultivando a criatividade e as habilidades certas para gerar boas ideias. Contudo, ao mudarem de cidade a fim de colocar essas ideias em prática, levam com eles as sementes de futuros negócios, bem como os empregos e toda a atividade econômica que seriam criados por tais empreendimentos.

NAÇÃO STARTUP

Conforme a terceira onda avançar, essa realidade mudará. Na verdade, isso já está começando. Em Durham, Carolina do Norte, por exemplo, sete empresas do hub de tecnologia American Tobacco Campus tiveram resultados de US$ 1,5 bilhão entre 2013 e 2015.[1] A viagem de nossa fictícia Jessica para Nova Orleans pode ser hipotética, mas esse futuro não é e simboliza a chamada "ascensão do restante". O jornalista Fareed Zakaria cunhou essa expressão para descrever economias emergentes em locais como China e Índia. O mesmo fenômeno vem ocorrendo nos Estados Unidos, conforme regiões em todo o país começam a crescer.

Ao longo das duas próximas décadas, veremos a conversão de cidades marginalizadas em verdadeiras usinas empreendedoras. Assistiremos ao nascimento de dezenas de startups em cidades como Denver, Kansas City, Austin e Pittsburgh. Teremos fundos de investimento de risco abrindo escritórios em Indianapolis, Minneapolis e Salt Lake City.

Ouviremos histórias de lugares como Buffalo, onde uma antiga região de edifícios abandonados tornou-se o centro de um renascimento tecnológico. Como um repórter do *USA Today* escreveu, "enquanto a cidade emergiu lentamente de sua depressão por meio do crescimento da indústria avançada e da pesquisa médica há cerca de 15 anos, as indústrias do setor de tecnologia começaram a chegar apenas este ano. Hoje, gruas de construção elevam-se na paisagem urbana. Está sendo erguido um centro industrial de mais de 92 mil metros quadrados, o SolarCity (avaliado em US$ 1 bilhão), com 500 novos empregos na IBM e instalações extras para o centro de pesquisa médica da Universidade de Buffalo". Eu mesmo investi em duas jovens startups de Buffalo: a Energy Intelligence, cuja tecnologia promete obter energia do tráfego de automóveis, e a POP Biotechnologies, que usa a nanomedicina para desenvolver tratamentos de câncer.

Essa diversidade geográfica é vital para nosso futuro. Segundo a Kauffman Foundation, "os novos negócios representam quase toda a rede de criação de novos empregos" e "novas companhias com menos de um ano criaram em média 1,5 milhão de empregos por ano ao longo das últimas três décadas".[2] Em outras palavras, startups são o motor de nossa economia. Formam comunidades, recrutam talentos, desenvolvem produtos, criam postos de trabalho, melhoram vidas, transformam sociedades.

Para mim, a ascensão do restante é uma questão pessoal. Minha família remonta a mais de cem anos às ilhas havaianas. Meu avô materno era dono do armazém da cidade de Hilo. Meu outro avô era tesoureiro de uma plantação de cana-de-açúcar na ilha de Kauai. Meu pai e minha mãe cursaram faculdade no continente (ele formou-se em Direito), mas voltaram para o Havaí.

Quando chegou minha vez de partir para estudar, contudo, eu sabia que provavelmente nunca voltaria. Não que tivesse sentimentos negativos em relação ao Havaí. Era minha casa – de muitas maneiras, ainda é. No entanto, eu tinha consciência de que queria pintar em uma tela grande, e não seria possível atingir essa ambição em Honolulu. Então, para mim, há algo de especialmente excitante na tendência de que esse quadro seja diferente para a próxima geração de empreendedores, vivam eles em Honolulu ou em Houston.

Também vejo a ascensão do restante como uma estratégia de investimento. Algumas das melhores ideias do mundo estão sendo incubadas em cidades às quais poucos capitalistas de risco prestam atenção. Nos últimos anos, tenho saído de meu escritório para viajar de ônibus a fim de verificar o que anda acontecendo pelo país. Estive em duas dúzias de cidades de vários estados e vi comunidades e aceleradoras de startups prosperando em lugares improváveis. Testemunhei apresentações de empresas das quais poucos ouviram falar, cheias de ideias que eu gostaria de ter bolado. Descobri a Artiphon, de Nashville, fabricante de um instrumento musical high tech cujo projeto angariou, em sua categoria, a maior arrecadação em dinheiro da história do Kickstarter, além de ter sido considerado uma das 25 melhores invenções de 2015 pela revista *Time*. Descobri, também, a Shinola, de Detroit. Seu fundador, Tom Kartsotis, jamais duvidou que a cidade se reergueria e decidiu instalar sua empresa em um edifício de Detroit antes dedicado à inovação automotiva. Centenas de antigos trabalhadores da indústria automobilística foram retreinados para produzir belos relógios, bicicletas, mochilas e notebooks. Hoje, o espírito da Shinola – e de Detroit – se faz orgulhosamente presente em grandes cidades do mundo, de Washington e Nova York a Londres. O cheque mais gordo da história de minha empresa de investimentos foi preenchido em favor da Shinola. Na verdade, estamos a caminho de investir mais de US$ 1 bilhão em cidades representativas da ascensão do restante, e isso está só começando.

A TERCEIRA ONDA E O CRESCIMENTO

Há três razões principais para minha crença de que grandes novos centros de inovação surgirão e florescerão no país. Entre elas, a mais significativa é, claro, a terceira onda. A ascensão do restante e a terceira onda são fenômenos diferentes, mas estão colidindo – e convergindo – de maneiras que se autorreforçam.

Em sua maioria, os setores que são alvos dos empreendedores da terceira onda já estão agrupados geograficamente em todo o país. Assim, para esses inovadores, há o apelo natural de fincar raízes onde os ecossistemas do negócio pretendido já existem. Durante a segunda onda, o setor produtivo da vez era o de tecnologia, e compreensivelmente os empreendedores migraram em bando para a região que congregava empresas do ramo e seus respectivos investidores. Entretanto, na terceira onda, os produtos e os serviços não estarão centrados na tecnologia, apesar de terem sido potencializados por ela. Vão fazer uso de aplicativos, mas não serão apps. Portanto, o benefício de estar cercado pelo mundo high tech não será tão importante. Em vez disso, talvez obtenha mais dividendos quem tentar se manter cercado de especialistas do setor de atividade em questão.

Para uma empresa que quer revolucionar a indústria agrícola, por exemplo, pode fazer muito mais sentido estabelecer-se no Meio-Oeste dos Estados Unidos, onde as cadeias de fornecimento já existem e a cultura dos fazendeiros é mais bem-compreendida. Por sua vez, uma empresa que almeja inovar no segmento da saúde poderia optar por Nashville ou Baltimore – as duas cidades desenvolveram vibrantes setores de cuidados da saúde, o que as torna opções mais interessantes do que Palo Alto ou Nova York. Já empreendedores obcecados em forçar os limites da tecnologia dos robôs podem encontrar um lar acolhedor em Pittsburgh, a cidade da siderurgia, onde se localiza a Carnegie Mellon, universidade com o melhor programa de pesquisa em robótica do mundo. Claro, muitas startups ainda se dirigirão ao Vale do Silício, mas menos do que no passado. Os empreendimentos vão estar no lugar que oferecer a maior concentração de expertises relacionadas com seu negócio.

Nos próximos anos, acredito que muitos engenheiros e empresários de tecnologia que começaram na Bay Area vão considerar uma mudança de endereço, em busca de expertise em setores específicos. E a explosão da terceira onda de novos tipos de startups não será apenas orientada por esses *carpetbaggers*.* Também veremos veteranos da indústria e inovadores locais abrirem empresas nas regiões da ascensão do restante, onde já vivem, para resolver problemas que conhecem e compreendem bem.

A segunda onda tem muitas histórias inspiradoras de programadores na faixa dos 20 anos de idade criando empresas multibilionárias. A terceira onda terá narrativas semelhantes, mas provavelmente protagonizadas não tanto por jovens loucos por algoritmos, e sim por fazendeiros, operários, chefes de cozinha e artistas de 30 e poucos anos – pessoas que, depois de identificar problemas em suas esferas de atuação, vão alavancar habilidades alheias para construir grandes companhias.

Isso, sem dúvida, se aplica a Jewel Burks, fundadora da Partpic e vencedora de nosso concurso de projetos em Atlanta. Essas competições colocam empreendedores locais em disputa por um prêmio de US$ 100 mil em investimento em uma ideia de negócio. Jewel trabalhava em Atlanta para uma empresa de componentes industriais. Frequentemente recebia ligações de clientes irritados por terem recebido peças erradas. Jewel se deu conta de que as pessoas faziam as encomendas com base em finalidades específicas (um parafuso para isso, um rebite para aquilo), mas em sua maioria não sabiam o nome real da peça ou seu código. Portanto, tratava-se quase de um exercício de adivinhação, que acabava com os clientes muito frustrados ao receberem seus produtos.

Jewel teve uma ideia. Ela chamou seu amigo Jason Crain, que trabalhava na empresa que desenvolveu o aplicativo de reconhecimento musical Shazam. Jewel e Jason criaram o conceito de uma tecnologia de reconhecimento visual das peças industriais.

* Expressão que se refere ao habitante do norte dos Estados Unidos que migrava para o sul para trabalhar para o governo na reconstrução após a Guerra da Secessão. [N. T.]

Basta enviar uma foto do componente quebrado ou com defeito que você precisa trocar, e o software identifica de que peça se trata e a encomenda é enviada para resolver seu problema.

Essa é uma solução que poderia levar ao nascimento de um valioso negócio de terceira onda, mas que dificilmente teria sido imaginada ou desenvolvida por pessoas com o repertório típico de startup tecnológica – gente com esse perfil em geral não tem a experiência de atender telefonemas de consumidores ou mesmo vivência para entender a raiz do problema ou a escala da oportunidade.

Por mais que a terceira onda desempenhe papel importante, não será o único fator a impulsionar a ascensão do restante. Há também um fator de ordem cultural. A Califórnia é um lugar incrível para viver e trabalhar, porém nem todo mundo que migra para lá deseja permanecer para sempre. Para os que nasceram no Meio-Oeste, por exemplo, a oportunidade de trabalhar em uma startup no estado natal é mais do que bem-vinda: trata-se tanto da chance de viver em um lugar que se encaixa com seu estilo de vida como de apostar no futuro de uma comunidade na qual eles têm raízes profundas.

E há questões financeiras também. Os lugares da ascensão do restante que visitei têm custo de vida muito menor do que São Francisco, uma das cidades mais caras do mundo, assim como Nova York. Quem optar por abrir uma empresa em um local como Cincinnati, por exemplo, terá custos indiretos bem mais baixos. Nessas condições, um investimento de somente US$ 100 mil pode ser o bastante para acender a centelha de um negócio que vai crescer em escala rapidamente. Em São Francisco, esse mesmo capital talvez fosse suficiente apenas para contratar um engenheiro em regime de meio período e alugar algumas baias em um escritório compartilhado.

OPORTUNIDADE NO BIG EASY

Atribui-se ao dramaturgo Tennessee Williams a frase "A América tem apenas três cidades: Nova York, São Francisco e Nova Orleans. O resto é Cleveland". Por mais que eu discorde da segunda frase, reconheço que a primeira já foi, em certo momento, uma descrição certeira.

Nova Orleans tem sido um importante hub econômico há muito tempo. Antes do advento das grandes estradas de ferro ou das pistas de pouso, havia apenas o rio Mississippi, levando e trazendo pessoas e mercadorias para a cidade. Em 1840, Nova Orleans foi classificada como "o quarto porto comercial do mundo, ultrapassado apenas por Londres, Liverpool e Nova York".[3] Em tempos bem mais recentes, porém, a cidade estava devastada e quase falida pela tragédia do furacão Katrina.

Em agosto de 2005, o Katrina varreu Nova Orleans e arredores com ventos acima de 200 km/h.[4] Todos assistimos horrorizados à destruição de barragens e à inundação das ruas. Em dado momento, 80% da área urbana estava submersa.[5] Quase 2 mil pessoas perderam a vida. A cidade emergiu da catástrofe como um espectro do que já tinha sido.

Mesmo antes da tempestade, as escolas públicas de Nova Orleans viviam dificuldades. Apenas 30% dos estudantes estavam matriculados em escolas bem-conceituadas. Os índices de graduação e os resultados de testes eram depressivamente baixos.

Jen Medbery chegou a Nova Orleans em 2008, menos de três anos depois do Katrina, para ensinar matemática como fundadora, entre outros, de uma nova *charter school*.* Ela já sabia se virar na sala de aula. Tinha acabado de passar dois anos na zona rural de Arkansas a bordo do programa "Teach for America"** e, antes disso, diplomara-se em ciência da computação pela Columbia University. Enquanto lecionava, Jen observou que ela e seus colegas gastavam tempo demais registrando dados à mão – faltas, notas, suspensões – ou organizando-os em complicadas planilhas. Apesar de tanto trabalho de coleta, eles não se

* Modalidade de escola existente nos Estados Unidos e no Canadá, mantida por verba pública, mas administrada por uma instituição privada independente, com autonomia para definir currículos e salários. [N. T.]

** Programa em que jovens formados nas melhores universidades dão aulas nas piores escolas da rede pública. [N. T.]

dedicavam a analisar os dados nem a compartilhá-los entre si, tampouco a basear-se neles para tomar decisões. Fazer isso exigiria tempo e energia, recursos preciosos que eram direcionados para os estudantes, na classe.

Em 2009, Jen fundou a Kickboard, plataforma que facilita para as escolas a compreensão dos dados que elas mesmas coletam, bem como os benefícios decorrentes dessas informações. A empresa ajuda professores a enxergar suas classes como um todo e a acompanhar os estudantes nas diversas disciplinas, para examinar o quadro geral. Se um aluno vai mal em matemática e em geografia, vale a pena que os professores das respectivas matérias troquem ideias. Se esse mesmo estudante por acaso vai bem em uma terceira disciplina ou escreve ótimas redações, mas se dá mal ao responder questionários, o professor deve ser capaz de descobrir o porquê.

Não se trata apenas de ajudar professores. Também os diretores podem acompanhar o desempenho de cada membro do corpo docente, pensar em planos individuais de desenvolvimento profissional e basear-se nos dados gerais da escola para tomar decisões administrativas. Se vários professores estão tendo o mesmo problema ao lidar com uma classe, que nova política de disciplina é possível implementar? Se um padrão específico de leitura não está sendo atendido, que recursos podem ser alocados para melhorar esse aspecto? Ao mesmo tempo, os pais têm como acompanhar o desempenho escolar de seus filhos em tempo real. Se Billy recebeu a segunda advertência na mesma semana ou Maria não entregou a lição de casa, o que não é de seu feitio, os pais logo ficam sabendo e se comunicam com os professores. Devido à ênfase nos dados, se Jamie foi mal em um teste de múltipla escolha, os pais podem entender se esse fracasso é casual ou sinaliza um problema maior, trabalhando com os professores para intervir da melhor maneira.

Nova Orleans constituiu um campo de provas perfeito para a Kickboard porque, depois do Katrina, quase todas as escolas públicas locais tornaram-se *charter schools*. A relativa independência das *charter schools* e a natureza de startup do sistema de ensino reconstruído permitem a rápida adoção de novas práticas em todo o ambiente escolar. Consequentemente, as *charter schools* de Nova Orleans logo aderiram ao Kickboard – e a outras empresas similares – com interesse e entusiasmo. Como Jen contou ao *Times-Picayune*, "não existe outra cidade no país tão aberta a toda essa inovação".[6]

Nova Orleans agora está construindo sua fama como lugar no qual empresas de tecnologia educacional podem fazer parcerias e inovar de maneiras praticamente impossíveis em qualquer outra cidade. Se essa relação continuar, inevitavelmente o sucesso virá. Já há organizações, entre elas a Tim Williamson's Idea Village, que vêm organizando um movimento para apoiar empreendedores locais como Jen. Cria-se, assim, um ambiente que estimulará mais pioneiros da educação a ir a Nova Orleans e aderir ao programa "Teach for America" ou abrir startups no setor. Mais empresas de educação tecnológica (*edtech*) nascerão na cidade. Os investidores interessados em *edtech*, então, virão atrás de oportunidades, financiando uma nova geração de empreendedores e criando um ecossistema autossustentável. Isso já está acontecendo. Em 2012, já havia em Nova Orleans uma startup para cada 200 pessoas – número 56% maior do que a média nacional. O que antes parecia impossível agora é irrefreável: a cidade da qual muitos pensavam em desistir está se reerguendo.

QUEDA DE BARREIRAS

A ascensão do restante importa. Combinada com a terceira onda, ela tem o poder de renovar a identidade de dezenas de cidades em todo o país. E isso significa que o valor econômico transformador da terceira onda pode ser amplamente compartilhado.

A importância do momento, porém, não se restringe à economia. A ascensão do restante também trará diversidade – tanto de pessoas como de ideias –, algo de que os Estados Unidos precisam. O Vale do Silício sofre de um notório problema de diversidade. Segundo o *The New York Times*, em 2015 o Facebook informou que 4% de seus funcionários nos Estados Unidos eram hispânicos, e apenas 2%, negros. O Google apresenta números parecidos, e tem sido assim há anos.[7]

A ascensão do restante pode significar diversidade de oportunidades. Com ela, talvez se quebre o fluxo do dinheiro sempre na direção dos mesmos tipos de pessoa, remunerando os mesmos tipos de ideia. Com ela, provavelmente crescerão os negócios focados na resolução dos problemas dos rincões dos Estados Unidos, e não apenas dos de São Francisco. Com ela, podemos esperar que caiam as barreiras ao ingresso de novos empreendedores, independentemente de sua origem ou localização.

A ascensão do restante não só distribuirá as recompensas da terceira onda como também gerará novas fontes de riqueza. Veremos mais pessoas abrindo empresas para resolver problemas e aproveitar oportunidades – muitas das quais nunca seriam captadas pelo radar do Vale do Silício. Acredito que os líderes dessas companhias emergentes vão compor o mais diversificado grupo de CEOs que os Estados Unidos já produziram.

OS DESAFIOS

No entanto, vale esclarecer. Para todos os benefícios potenciais de construir um negócio fora dos três grandes hubs (Nova York, São Francisco e Nova Orleans), haverá também muitos desafios a superar, a maioria dos quais não será facilmente remediável com uma passagem aérea ou um caminhão de mudança.

Parte de ser uma empresa de fora do Vale do Silício consiste em lidar com a percepção disseminada de que, como *outsider*, o que você faz não tem valor.

Recentemente, participei de uma conferência para empreendedores e investidores em Londres. Questionei-os sobre a diferença entre as avaliações de negócios sediados na capital britânica e as de empresas situadas no Vale do Silício. Segundo a percepção geral, as avaliações das empresas londrinas às vezes eram 50% inferiores às da área de São Francisco. Metrópole e centro financeiro global, Londres tem uma vibrante cena de startups, mas, na verdade, é amplamente ignorada pela maioria dos investidores de risco. Dá para se imaginar aos olhos dessa avaliação preconceituosa se você estivesse abrindo uma startup em Des Moines, no estado de Iowa?

Esse tipo de discriminação não é só um golpe em sua autoestima ou no orgulho de sua cidade natal. Ter essa avaliação baixa significa que você provavelmente não terá muito acesso a capital. E, sem ele, o benefício prático de localizar-se em um lugar com custos indiretos menores deixa de ser vantajoso como se esperava.

A longo prazo, as avaliações das startups da ascensão do restante tendem a se equilibrar. As rodadas iniciais de financiamento podem vir com um desconto na avaliação. No entanto, uma vez que a empresa comprove um histórico de crescimento, os mercados privados entenderão o recado. Quando a Amazon adquiriu a Zappos, de Las Vegas, e a Salesforce comprou a ExactTarget, de Indianapolis, pagaram preço cheio. Não houve desconto por causa da localização.

Há também desafios reais no que diz respeito a talentos. Como você convence um engenheiro que mora no Brooklyn, Nova York, a se mudar para Boise, Idaho? Nem sempre será fácil.

Contudo, sempre vale a pena ver o outro lado desses desafios. Nos anos 1950, o Vale do Silício era um pomar de maçãs, até William Shockley decidir abrir ali sua empresa de semicondutores. Da mesma forma, a região da capital, Washington, era predominantemente ocupada por prestadores de serviços para o governo até que empreendedores como Bill von Meister decidiram criar startups ali. Foi assim que nasceu a CVC – e depois a AOL –, a quase 5 mil quilômetros do Vale do Silício, nos arredores de Washington.

Foi difícil no começo. Levantamos recursos financeiros de Nova York, São Francisco, Chicago, Boston e até Toronto, mas nada de Washington. E estávamos tentando convencer as pessoas a deixar empregos estáveis no setor público para se unirem a uma startup claudicante – algo muito difícil de fazer em uma cidade cuja cultura em geral é avessa ao risco. Ao mesmo tempo, os profissionais que contratamos estavam entusiasmados em fazer parte de nossa empresa, o que significava que provavelmente depositavam mais fé em nossa missão do que os programadores que pulavam de startup para startup em São Francisco. Isso nos ajudou a construir uma cultura e uma equipe fortes.

Também foi mais fácil atrair pessoas com experiência no governo para nossa equipe do que teria sido se estivéssemos sediados na Califórnia. Al Haig, secretário de Estado do presidente Ronald Reagan, entrou para nosso conselho em meados da década de 1980, o que nos conferiu credibilidade, além de render muitos insights úteis. Frank Raines tornou-se nosso conselheiro no fim dos anos 1990, pouco depois de deixar de ser o responsável pelo escritório de gestão e orçamento da Casa Branca. Colin Powell foi outro a compor nosso conselho na época. Para meu grande deleite, ele era um dos mais ativos usuários de nossos produtos beta, fazendo as vezes de crítico de primeira hora diante de falhas de projeto. Também contratamos vários executivos egressos da administração pública. Por estarmos no centro das decisões nacionais, tínhamos a vantagem de passar mais tempo, construir mais relacionamentos e ter mais influência com algumas das pessoas mais poderosas do país.

Trinta anos atrás, Washington era bem parecida com as atuais cidades emergentes da ascensão do restante. Ter presenciado a transformação da capital em um grande hub de startups me dá confiança conforme vejo o mesmo padrão se replicando pelo país.

O Museu de História Natural do Smithsonian recentemente acolheu uma exposição chamada *Places of Invention*, e o Vale do Silício se destacava na lista dos lugares da invenção, o que não é surpresa. Mas e quanto a Hartford, Connecticut? Ou Medical Alley, Minnesota? Ou Fort Collins, Colorado? Também estavam na lista.[8]

Ao longo de toda a história do país, a inovação surgiu de lugares improváveis. E surgirá novamente: a Magic Leap, empresa de realidade virtual em *stealth mode*,* já levantou mais de US$ 1 bilhão de grandes investidores, entre os quais Google e Alibaba. Sabe onde fica a Magic Leap? Em Fort Lauderdale, Flórida. Isso provavelmente não teria sido possível na segunda onda, quando se esperava que os mais inovadores empreendimentos tecnológicos estivessem em Palo Alto (atraindo PhDs de Stanford) ou Boston (cheia de graduados do MIT).

A ascensão do restante está começando a acontecer e o impulso vai continuar forte ao longo da próxima década.

* Uma empresa em stealth mode é aquela que evita a divulgação inicial sobre a sua existência, finalidade, produtos, pessoal, financiamento, marca ou outro atributo importante. [N. E.]

8

INVESTIR PARA IMPACTAR

Durante décadas, a velha máxima de Milton Friedman – "a responsabilidade social das empresas é aumentar seus lucros" – tem sido o equivalente a uma doutrina religiosa, especialmente entre investidores. Os CEOs que veem um propósito dual em seu papel – de um lado, o lucro; de outro, o impacto social – com frequência se tornam alvos de investidores agressivos, os quais interpretam qualquer dinheiro desviado da margem como retorno não realizado. Esse comportamento, no entanto, começa a mudar, indicando a emergência daquilo que se tornou conhecido como "investimento de impacto", uma megatendência da terceira onda.

Há cem anos, a maioria dos investidores concentrava-se totalmente no retorno do capital. Ao longo do tempo, e depois de eventos como a Grande Depressão, reconheceu-se que era necessário também levar em conta o fator risco. Nos tempos atuais, o novo elemento a orientar a abordagem dos investidores é o impacto. O investimento de impacto constitui uma ponte entre os negócios tradicionais e a filantropia – entre o retorno financeiro e o bem comum. Quando alguém investe em uma nova empresa, a expectativa é que, em algum momento, recupere seu dinheiro acrescido de dividendos. Quando alguém contribui para uma organização sem fins lucrativos, não há retorno de capital, apenas a esperança de que algo bom seja proporcionado. O investimento de impacto une o melhor dos dois mundos. Viabiliza a geração de retorno financeiro combinada com a criação de benefício social. Estimula tanto o lucro como o propósito.

A ASCENSÃO DO INVESTIMENTO DE IMPACTO

A terceira onda e o investimento de impacto não são o mesmo fenômeno, mas, assim como a ascensão do restante, acontecem ao mesmo tempo e reforçam-se mutuamente. Na verdade, o surgimento da terceira onda é uma das muitas razões pelas quais o investimento de impacto continuará a evoluir de ideia marginal para tendência global genuína.

De fato, em razão do impacto que os setores de negócio da terceira onda têm sobre nossa vida, as startups mais bem-sucedidas deverão considerar o benefício social como princípio central de suas missões. Esse compromisso as tornará atraentes para aqueles que vêm buscando melhorar o mundo por meio de seus investimentos. E o influxo dos investimentos de impacto, por sua vez, tende a encorajar muitas outras empresas a adotar um modelo similar.

O investimento de impacto é, em grande medida, um fenômeno impulsionado pelas aspirações da geração Y, também conhecida como geração do milênio. Como investidores, os chamados *millennials*, quando comparados a pessoas de outras faixas etárias, revelam-se muito mais comprometidos em criar mudança social positiva com suas decisões de investimento. Como funcionários, além de constituírem a parcela da força de trabalho de crescimento mais rápido, os membros dessa geração costumam privilegiar vagas de emprego em companhias reconhecidas por sua responsabilidade social, pois acreditam no investimento como forma de demonstrar valores. Como clientes, os *millennials* buscam causar impacto positivo com suas compras. Cada vez mais, portanto, as empresas precisam se dar bem e fazer o bem ao mesmo tempo, até como requisito para contar com os melhores talentos do mercado, manter a lealdade dos consumidores e atrair o interesse dos investidores.

O investimento de impacto também tem sido encorajado por formuladores de políticas. Em junho de 2013, os governos do G8 criaram a Social Impact Investment Taskforce para ajudar a desenvolver um mercado voltado para o impacto. Nos Estados Unidos, dezenas de estados aprovaram leis criando uma opção de governança para companhias alinhadas com esse objetivo: as empresas B. As organizações do chamado sistema B têm seu propósito e sua missão social expressos em seus estatutos corporativos, de modo a orientar seus executivos e conselheiros a gerir e tomar decisões com base em uma série de métricas – como criação de empregos ou impacto ambiental –, para além da maximização dos lucros. Em 2015, já existiam mais de 1,5 mil empresas B, entre elas Kickstarter, Warby Parker, Patagonia e Etsy.

Talvez ainda mais importante seja o fato de que o investimento de impacto está em alta simplesmente porque funciona. A maioria dos investidores ainda corrobora a visão de Milton Friedman de que as empresas devem focar apenas os lucros, argumentando que manter um olho no propósito social e outro na lucratividade gera estímulos confusos, resultando em desempenhos financeiros inferiores às possibilidades. Um cético diria que o investimento de impacto é como uma casa-barco: não é uma boa casa nem um bom barco.

Os fatos, porém, desmentem essa afirmação. Em 2015, a Wharton School lançou um relatório com a avaliação de 53 fundos de *private equity*, descrevendo a descoberta de que aqueles voltados para o impacto foram bem-sucedidos tanto na conquista dos retornos desejados como nas saídas do negócio. O documento é encorajador, na medida em que sugere que o investimento de impacto, em vez de casa-barco, tem mais a ver com um bom brunch: melhor do que café da manhã e melhor do que almoço.

A HISTÓRIA DA CASE FOUNDATION

Há tempos, minha esposa Jean e eu acreditamos na máxima "a quem muito foi dado, muito será pedido". Como parte de nosso esforço para viver segundo essas palavras, Jean saiu da AOL em 1996 para montar e administrar nossa organização filantrópica, The Case Foundation, que fundamos em 1997.

No início, combinamos seguir uma fórmula específica: silenciosamente, preencher cheques para causas importantes. Nem sequer tínhamos site, pois optamos por uma abordagem mais discreta. A ironia – uma fundação que se tornou possível graças à internet não usar a internet – não nos passou despercebida. Contribuímos com dezenas de organizações, como a Special Olympics e a Habitat for Humanity, e temos orgulho do impacto provocado por nossos dólares. Também lançamos algumas iniciativas próprias, como a PowerUP, para reduzir a exclusão digital.

Ao longo do tempo, porém, nossa conversa com as instituições beneficiadas começou a mudar. Ficou claro que, por mais que nosso dinheiro fosse importante para elas, o real valor que poderíamos agregar não estava impresso nos cheques preenchidos, e sim na visibilidade e na credibilidade que conferíamos às causas, nas pessoas e redes por meio das quais nós poderíamos conectar as organizações aos públicos que de fato importavam. Aos poucos, nos demos conta de que o impacto seria maior se nosso foco deixasse de estar vinculado ao que ganhávamos no setor privado, para se aproximar mais daquilo que aprendíamos em nossa experiência como empreendedores. Passamos a fazer uso das habilidades que nos fizeram bem-sucedidos: construímos coalizões em torno de causas relevantes e desenvolvemos parcerias intersetoriais, entre empresas, organizações sem fins lucrativos e governo. Surgia uma forma diferente de contribuir.

O investimento de impacto foi uma evolução natural. Como os meios tradicionais de financiamento para o bem-estar social estavam sob pressão, Jean começou a defender que precisávamos de "todos os remos na água". Para ela, a única maneira de encarar os desafios sociais era fazer isso juntos – empresas, governo, filantropia e ONGs trabalhando em colaboração. Nós assumimos o compromisso de acelerar o crescimento do investimento de impacto, e temos trabalhado nisso desde então.

Às vezes, esse esforço é de natureza financeira. Investimos em fundos de impacto relacionados com todo tipo de causa, do diagnóstico e tratamento de doenças do cérebro à abertura de oportunidades de startups para o setor de tecnologia palestino. A maior parte de nosso trabalho, no entanto, tem sido incentivar parcerias. Quando a Casa Branca quis lançar uma iniciativa chamada Startup America, de estímulo ao empreendedorismo regional, não precisava de nosso dinheiro, mas de nossa ajuda. Em parceria com a Kauffman Foundation, construímos uma ampla coalizão de mais de uma dúzia de empresas e lançamos o projeto em dezenas de regiões de startups. De modo semelhante, quando o mercado financeiro precisou de apoio para alterar as regras, de maneira a permitir que fundos de pensão investissem em impacto social, nós nos unimos ao National Advisory Board on Impact Investing a fim de forçar as mudanças, e uma regra-chave foi alterada em 2015.

Quando se trata de financiamento propriamente dito, nossa estratégia é o trabalho transversal entre os setores. Enquanto a Case Foundation tece a rede de apoio para o investimento de impacto, nós mesmos desempenhamos o papel de investidores. Em 2014, Jean deu uma palestra na conferência South by Southwest (SXSW), falando em nome da Case Foundation. Eu, na plateia, estava representando a Revolution, minha empresa de investimentos. Jean avançou em sua apresentação até chegar a um conjunto de slides que destacava as empresas de alto impacto que estavam prontas para irromper no cenário. Conforme detalhava a lista, citou uma empresa que me deixou especialmente intrigado: a Revolution Foods.

REVOLUTION FOODS

A Revolution Foods (nenhuma relação com minha empresa de investimentos) foi fundada em 2006 por Kristin Groos Richmond e Kirsten Saenz Tobey. Ambas trabalhavam em escolas públicas e viviam compreensivelmente frustradas com o que era servido na cantina. Como empreendedoras, viram uma oportunidade de mudar o sistema de fornecimento de comida para escolas, sobretudo em regiões mal-abastecidas. Era uma chance de exercer impacto positivo na saúde dos alunos em um mercado de US$ 20 bilhões.

O que elas testemunhavam no balcão da cantina era o resultado de um sistema profundamente disfuncional, em que grandes empresas de alimentos movimentavam bilhões de dólares para alimentar nossos filhos com gordura, sal e açúcar e, assim, atingir suas metas financeiras. A rede escolar foi vítima do imenso fracasso dessa indústria em termos sociais, refletido no maior índice de obesidade infantil do mundo – toda uma geração colocada no caminho de doenças crônicas antes mesmo de chegar à idade de fazer escolhas saudáveis por si mesma.

"Esta é uma crise de obesidade", contou Betti Wiggins, diretora-executiva do escritório de nutrição das escolas públicas de Detroit ao *The New York Times*. "E, assim que nos livramos das aulas de saúde e educação física, estamos de volta à cantina para comer no bandejão."

Para enfrentar tal crise, as fundadoras da Revolution Foods abriram uma empresa fornecedora de merenda escolar. Estavam convencidas de que era possível oferecer comida saudável a preço acessível e ao gosto das crianças e acreditavam que podiam expandir essa promessa às famílias, distribuindo comida também em supermercados. Elas se dispuseram a provar isso.

Já na saída da conferência de Jean no SXSW, decidi entrar em contato com a Revolution Foods para conferir se as empresárias planejavam levantar dinheiro. Sua investidora inicial tinha sido Nancy Pfund, nossa amiga de longa data e pioneira em financiar negócios com propósito social. Por parte da fundação, estávamos loucos para exibir o investimento de impacto como uma nova fronteira. E, por parte de nossa empresa de investimentos, tomamos a decisão estratégica de injetar recursos no futuro da comida. Mandei um e-mail para Nancy naquela tarde, e ela nos conectou à empresa. Meses depois, nosso fundo Revolution Growth fechou um investimento de US$ 30 milhões. Em 2015, aplicamos outros US$ 15 milhões.

CONVERGÊNCIA

O investimento de impacto ainda vive sua infância. Em 2013, estima-se que tenha movimentado US$ 50 bilhões, enquanto, a título de comparação, o setor de saúde global mobilizou mais de US$ 150 trilhões. No entanto, a mudança está em curso. Uma projeção sugere um crescimento de 20 vezes em 2020, superando a marca de US$ 1 trilhão. Esse também será o foco de alguns dos maiores players institucionais. A maior empresa de gestão de recursos do mundo, os dez maiores bancos de investimento e vários nomes de peso em *private equity* desenvolveram recentemente equipes específicas, fundos e pools de capital voltados para o investimento de impacto. Não se trata mais de um item de nicho.

O que estamos vendo, de fato, é a convergência de três megatendências poderosas – a terceira onda, a ascensão do restante e o investimento de impacto – e a chance de um resultado turbinado. Conforme os incentivos ao mercado continuarem a orientar cada um desses fenômenos, a paisagem mudará radicalmente. Se empreendedores da terceira onda, financiados por investidores de impacto engajados, construírem empresas bem-sucedidas em cidades da ascensão do restante, uma transformação econômica será não apenas possível, mas inevitável.

9

UMA QUESTÃO DE CONFIANÇA

Perto do fim de 1999, a AOL estava em uma posição invejável. Tínhamos mais de 22 milhões de assinantes[1] – eram 1 milhão em 1994 –,[2] registrando um índice de crescimento exponencial comparável apenas à cotação das ações. Quando abrimos capital, em 1992, o valor de mercado beirava os US$ 70 milhões. Em outubro de 1997, chegou a US$ 8 bilhões.[3] Nove meses depois, valíamos três vezes mais.[4] E, quando anunciamos a fusão com a Time Warner, em janeiro de 2000, apenas 18 meses mais tarde, atingimos uma avaliação de US$ 163 bilhões.[5] As ações da AOL tiveram o melhor desempenho da década de 1990.

O mercado nos declarou o grande vencedor da internet, e logo recebemos os louros. A elevação do valor nos propiciou amplo capital. Decidimos então fazer várias aquisições. Uma das mais comentadas foi a compra do Netscape, por US$ 4,2 bilhões. A empresa, sediada no Vale do Silício, tinha decolado para o topo graças à força de seu navegador na web. O fundador, o garoto prodígio Marc Andreessen, tinha se tornado um dos mais bem-sucedidos empreendedores da época. Depois da aquisição do Netscape, ele se mudou para a Virgínia para assumir o cargo de diretor de tecnologia da AOL, reportando-se diretamente a mim. Ficou por um ano e, então, voltou para a Califórnia, onde abriria uma empresa de software e, depois, uma firma de capital de risco com Ben Horowitz, executivo e colega de Netscape. Adquirir empresas desse calibre aumentou nossa posição geral no mercado, mas logo percebemos a necessidade de fazer mais. Tínhamos de assegurar o valor que havia sido criado à medida que diversificávamos o negócio.

Depois de longas discussões, chegamos a algumas alternativas para nosso movimento seguinte. Decidimos pensar grande – tentar promover uma fusão transformadora enquanto nossas ações subiam, fixar os ganhos para o acionista enquanto expandíamos nosso alcance estratégico. Passamos meses analisando uma gama de opções.

Podíamos expandir na direção do conteúdo adquirindo uma empresa como a Disney. Podíamos aprofundar nossa oferta de comunicação por meio de uma fusão com uma companhia como a

AT&T. Ou, ainda, podíamos fazer uma nova aposta na internet adquirindo negócios como o eBay e a Electronic Arts. Enveredamos por todos esses caminhos ao mesmo tempo – discutindo a fusão com cada uma dessas organizações, entre muitas outras.

Considerações financeiras ajudaram a nos guiar. Nossas ações tinham disparado 20 vezes em menos de três anos, e estávamos preocupados com um eventual refluxo da maré da internet. A chave, então, consistia em comprar outro negócio que expandisse nosso portfólio e desse sustentação para nosso valor de mercado. No entanto, não queríamos apenas nos proteger de uma potencial queda financeira; também almejávamos maximizar nossa vantagem estratégica.

Havia apelo em comprar mais conteúdo. Acreditávamos que, assim que a banda larga dominasse, o valor das marcas de mídia, especialmente as de vídeo, aumentaria. Daí o interesse na Disney. Porém, por mais que aquilo nos excitasse, temíamos que as barreiras de ingresso no setor caíssem ao longo do tempo – se o conteúdo se tornasse uma commodity, haveria o inevitável declínio do valor das marcas de mídia.

Expandir nossas ofertas de comunicação fazia sentido. A AOL sempre teve a ver, acima de tudo, com conectar pessoas. O sucesso do AOL Instant Messenger fez de nós o player dominante nas mensagens online, e percebemos que podíamos elevar essa posição por meio de uma suíte completa de serviços de comunicação (vale lembrar que isso foi na era pré-Skype e mais de uma década antes do WhatsApp). Além disso, uma marca norte-americana célebre como a AT&T aumentaria nossa credibilidade conforme nos expandíssemos globalmente. Tratava-se de um caminho arriscado, contudo, pois não estava descartada a hipótese de que o fluxo de receita central da AT&T – chamadas de longa distância – fosse erodido pelas novas tecnologias, inclusive as da própria AOL.

Adquirir outras empresas de internet parecia interessante, uma vez que apontava uma opção mais segura. Teríamos parceiros culturalmente alinhados e que compartilhariam de nossa convicção quanto ao potencial da rede, o que em tese facilitaria a gestão pós-fusão. Demos início às discussões de fusão e aquisição com o eBay e a Electronic Arts. Na verdade, enquanto negociávamos com a Time Warner, Meg Whitman (que em poucos anos tinha transformado o eBay de startup em força global) aguardava em uma sala de reuniões adjacente a nossos escritórios na Virgínia. Se a conversa com a Time Warner falhasse, estávamos preparados para fechar uma proposta de aquisição com Meg.

No entanto, dobrar a aposta na internet revelava-se uma manobra conflitante com nossa diversificação global. O eBay e outros negócios ponto.com eram muito valorizados também, e, se o mercado de ações desse uma súbita virada desfavorável ao setor de tecnologia, nossa hipotética empresa combinada provavelmente iria a nocaute.

ENTRA A TIME WARNER

Por fim, ficou bem claro que o melhor parceiro para a fusão seria a Time Warner. De várias maneiras, havia ali tudo de que precisávamos. A corporação tinha sido criada uma década antes por meio da fusão de duas gigantes da mídia, a Time Inc. e a Warner Communications. A Time havia sido cofundada nos anos 1920 por um jovem empreendedor chamado Henry Luce, que, produzindo publicações como *Time*, *Life*, *Sports Illustrated* e *Fortune* para uma crescente e bem-educada classe média, se tornou o editor mais influente de meados do século 20. Por sua vez, a Warner tinha sido construída por Steve Ross, um carismático empreendedor que começou como dono de estacionamento até erguer uma das maiores companhias de mídia do mundo, que incluía o estúdio cinematográfico Warner Brothers, a líder da indústria da música Warner Music e uma gama de outros negócios de conteúdo, como a Lorimar-Telepictures. Mais tarde, Time e Warner (na época já reunidas sob a denominação Time Warner) adquiriram a Turner Broadcasting, liderada pelo enérgico e idiossincrático Ted Turner. Na época em que começamos a contemplar a ideia de fusão, a Time Warner tinha peso importante – perto de US$ 30 bilhões de receita e US$ 8 bilhões de lucros. Era dona de um tesouro em marcas de conteúdo – Time Inc., HBO,

CNN, TBS, Warner Brothers, Warner Music e muitas outras. E possuía a Time Warner Cable, uma das maiores empresas de TV a cabo, o que nos garantia caminho aberto para a banda larga, que acreditávamos ser essencial.

A banda larga estava chegando e, com ela, uma ameaça a nosso negócio baseado em ligações telefônicas. (No mundo contemporâneo dos smartphones, parece inacreditável que apenas 15 atrás não podíamos usar a internet e o telefone ao mesmo tempo!) Em vez de linhas telefônicas, a banda larga usava cabos aos quais não tínhamos acesso aberto – e que não podíamos acessar sozinhos. As empresas de TV a cabo não eram obrigadas a compartilhar suas linhas de banda larga da maneira como as companhias telefônicas tinham de fazer com suas linhas discadas. As regulamentações permitiram que elas fechassem a concorrência entre si.

A briga pelo "acesso aberto", como se tornou conhecida no fim dos anos 1990, foi uma prévia da luta pela neutralidade da rede que viria muito depois. Ambas lidavam com a mesma questão: o proprietário dos "canais" – o fio que chega até uma residência – poderia controlar o que as pessoas viam pela internet? Na batalha do acesso aberto, as empresas de cabo adotaram a postura de que simplesmente tinham o direito de dizer não, recusando o acesso a companhias como a AOL. Já na briga pela neutralidade da rede, foram mais sutis: sem travar a concorrência, buscavam deixá-la em desvantagem. Assumiram a visão de que podiam fazer com que alguns sites tivessem desempenho pior, a menos que lhes pagassem uma taxa extra. Na verdade, quando Tom Wheeler, presidente do conselho da Federal Communications Commission (FCC), aprovou em 2015 as regras da neutralidade da rede, ele citou as discussões que travara comigo na época da luta pelo acesso aberto, afirmando que tinham sido instrutivas para orientar sua decisão.

No passado, nós instamos o governo a intervir, dando-nos acesso à banda larga assim como o tínhamos às linhas telefônicas. Conversei em todos os lugares e com todas as pessoas que pude, de membros do FCC e congressistas a candidatos à presidência dos Estados Unidos. Encontrei-me com o então governador George W. Bush, quando ele viajava durante a campanha eleitoral na Virgínia, para defender minha visão a respeito do acesso aberto. Ele ouviu o que eu tinha a dizer na companhia de assessores. Cerca de um mês depois, entretanto, declarou-se contrário a nossa proposta, argumentando que o mercado deveria resolver a questão, sem a intervenção do governo. Em retrospecto, Bush provavelmente estava certo, e o fato de ele ter assumido tal posição não nos ajudou naquela luta, porém foi um dos fatores decisivos que tornaram a fusão com a Time Warner não apenas sensata, mas necessária. Se não fosse possível nos associarmos com uma empresa de TV a cabo, raciocinamos, talvez a saída fosse comprar uma. A Time Warner tinha tanto uma grande estrutura de banda larga como vários outros negócios e marcas valiosos. Concluímos que precisávamos da Time Warner e pensamos que ela também precisava de nós.

As empresas de conteúdo – HBO, Turner Broadcasting System (TBS), Warner Brothers – ganhariam muito com a entrega digital de seu produto. As companhias de jornalismo impresso, que já sofriam com a transformação irremediável induzida pela internet, estariam expostas a um rápido declínio se não incorporassem uma estratégia digital agressiva em seu modelo de negócio. Na área de entretenimento em vídeo, a expectativa seria por uma forma de distribuir conteúdo digitalmente – e, ao longo do tempo, diretamente – aos consumidores, eliminando os intermediários da distribuição. Portanto, a Time Warner Cable teria a chance de se tornar a maior empresa do setor, valendo-se das numerosas sinergias derivadas de uma fusão com a AOL. Poderia controlar o canal de acesso dos usuários à internet, a plataforma que eles usavam para explorá-la e o conteúdo que consumiam online.

Juntas, AOL e Time Warner teriam o que parecia uma plataforma perfeita. Mas havia uma grande questão: o que fazer para que eles concordassem? A maioria de nossos informantes do lado de lá dizia que essa hipótese nem sequer seria considerada. Nossos investidores sugeriram engavetar a ideia.

No entanto, decidimos fazer uma tentativa.

O COMEÇO DE UM NAMORO

Eu esperava que a negociação com o CEO da Time Warner, Jerry Levin, tratasse de muito mais do que preço. Ao combinar duas empresas diferentes, teríamos de discutir vários temas, de estrutura operacional a prioridades estratégicas. No topo da lista estava uma importante questão a ser respondida antes de partirmos para assuntos práticos: quem administraria a empresa pós-fusão?

Eu relutava em abrir mão do controle da AOL, que eu vira crescer – e ajudara a construir – até se transformar em algo muito além de qualquer coisa que teria imaginado. Era como um filho. Estava confiante de que tinha um futuro brilhante. Mais brilhante ainda, pensei, se concretizássemos a fusão.

Ao mesmo tempo, conhecia Jerry o bastante para saber que ele nunca entraria no jogo se não fosse ele a dar as cartas. Já seria difícil para os executivos da Time Warner engolirem uma avaliação significativamente mais alta para a AOL, uma companhia ainda relativamente nova no mercado. Seria impossível convencê-los a me dar o poder de administrar a empresa resultante da fusão.

Antes de pegar o telefone para falar com Jerry, decidi abrir mão do cargo de CEO, de modo que ele assumisse a gestão da futura organização. Foi a primeira coisa que disse quando ele atendeu meu telefonema, seguida de meu pedido para que considerasse a hipótese da fusão. Houve uma longa pausa. "Vamos jantar", respondeu Jerry finalmente.

Mais tarde, em uma entrevista em abril de 2001, David Frost perguntou a Jerry e a mim sobre essa "paquera". Acho que se pode dizer que aquele jantar foi nosso primeiro grande encontro, e tudo correu bem. Jerry via o potencial da tecnologia e, dentro da Time Warner, fazia as vezes de arauto do que estava por vir: "A internet está chegando! A internet está chegando!". No entanto, todas as suas tentativas internas de mobilizar as pessoas e liderar uma mudança – para atacar em vez de precisar se defender – fracassaram. Em meados dos anos 1990, Jerry aplicou mais de US$ 100 milhões em iniciativas digitais como o Pathfinder, portal da internet que supostamente seria a vitrine completa para o conteúdo da Time

Warner. O projeto deu em nada, muito em razão das disputas corporativas internas. Na fusão com a AOL estava a chance de Jerry equipar a Time Warner para a era da internet.

Contudo, nos meses seguintes, quando aprofundamos as conversas sobre a organização e os termos do acordo (em especial, o preço da aquisição), com frequência as negociações lembravam mais um casal à beira do divórcio do que noivos se preparando para o casamento. Demos as costas um para o outro diversas vezes. Em novembro de 1999, estive em uma reunião na sede da Time Inc. com Ted Turner e Richard Branson, o fundador do Virgin Group. Terminado o encontro, Ted e eu saímos para o pátio. Como vice-presidente do conselho da Time Warner (e seu maior acionista individual), Ted sabia da proposta de fusão e que estávamos em um impasse. Ele me encorajou a seguir adiante. "Steve, temos de fazer isso funcionar", disse, colocando o braço em meu ombro. "Você precisa de nós e nós precisamos de você. Vamos dar um jeito de fechar o acordo. Não desista."

Aceitei o conselho. Continuamos negociando com um pequeno grupo de executivos, a fim de manter o número de tomadores de decisão dentro de limites razoáveis e evitar que as discussões vazassem. Se tivessem vazado, o preço das ações das duas empresas teria sido afetado, e a fusão poderia facilmente se inviabilizar. Por fim, desse modo, na surdina, chegamos a um bom termo, ao preço certo. Isso, porém, significava que alguns dos executivos mais antigos da Time Warner, incluindo vários que geriam setores inteiros da corporação, souberam do negócio somente na véspera de seu anúncio público. Muitos ficaram irritados – na verdade, pegos de surpresa e constrangidos – e a animosidade se manteve, envenenando muito do que tínhamos planejado conseguir juntos.

Deveríamos ter abordado a negociação de maneira diferente? Não creio. Não havia dúvida de que, se tivesse nascido do consenso de todas as lideranças de parte a parte, o acordo atrairia muito mais apoio do que raiva. Entretanto, acho difícil acreditar na formação de um consenso – ou mesmo no sigilo absoluto das negociações – com um grupo tão numeroso como aquele. Como eu e muitos outros CEOs descobrimos no passado, a contrariedade experimentada dentro de uma sala do conselho muitas vezes encontra expressão fora dali, na forma de um vazamento de informação para algum repórter. Acreditava na época, e ainda acredito, que tínhamos de proteger a integridade do negócio e estava convencido de que haveria tempo e espaço para reconstruir quaisquer pontes eventualmente queimadas.

Fora os egos chamuscados, os executivos da Time Warner tinham pouco do que reclamar. Tentei ser fiel ao roteiro combinado, descrevendo para a imprensa e aos quatro ventos que se tratava de uma "fusão de iguais". Na verdade, não era nada disso. Na época, éramos a empresa mais nova, claro, mas com uma capitalização de mercado de US$ 163 bilhões – valíamos mais do que a General Motors e a Ford juntas. O acordo foi estruturado como uma aquisição da Time Warner pela AOL. Os acionistas da AOL – que controlavam 100% de uma empresa que gerava US$ 5 bilhões de receita e US$ 1 bilhão de lucro – passaram a deter 55% de uma companhia mais diversificada, com a estimativa de gerar US$ 40 bilhões de receita e US$ 10 bilhões de lucro. Pagamos um prêmio de 70% e deixamos que os executivos da Time Warner acelerassem seu período de aquisição de direitos, de modo que pudessem vender suas ações e realizar lucros surpreendentes. Na verdade, alguns o fizeram. Os demais ficaram por opção; acreditavam no que estávamos fazendo.

A MAIOR FUSÃO DA HISTÓRIA

Em 8 de janeiro de 2000, sábado, concluímos o acordo. Voei para Nova York no dia seguinte a fim de me preparar para uma grande coletiva de imprensa. Marcamos o anúncio da fusão para a manhã de segunda-feira. Foi surreal.

O executivo da AOL à frente de nossos esforços de comunicação era Kenny Lerer (que, mais tarde, seria cofundador do *Huffington Post*). Ele conhecia a cultura da Time Warner porque tinha trabalhado lá anteriormente, e me lembro de ele me dizer: "Amanhã, quando for feito o anúncio, sua vida vai mudar, e não será de uma forma boa".

"Por quê?", perguntei.

"Porque você vai deixar de ser o CEO de uma empresa vibrante para se tornar um presidente de conselho sem negócio algum se reportando a você. Nem mesmo a AOL. Você terá um título bacana, só que sem responsabilidades operacionais, e as pessoas vão começar a ignorá-lo. Você se acostumou a estar na direção, mas agora vai ficar no banco de trás, só assistindo."

Não hesitei um momento sequer quanto ao negócio que íamos anunciar. Estava confiante de que era a coisa certa a fazer para a AOL e seus acionistas e tinha perfeita consciência da diferença de responsabilidades de um presidente de conselho, que comanda as reuniões da alta gestão, e de um CEO, que administra a empresa de verdade. Não obstante, a convicção de Kenny me surpreendeu, especialmente sua recomendação final: "Na coletiva de imprensa, amanhã, tente não passar a impressão de que ficou com o palito menor, para as pessoas não acharem que você foi chutado para escanteio".

Creio que levei a dica a sério demais. Fui para a coletiva determinado a mostrar para as pessoas que eu era o vitorioso com a fusão, jamais o perdedor. As primeiras páginas dos jornais de todo o país trouxeram imagens minhas de punho cerrado e erguido, com um sorriso gigantesco no rosto, como se tivesse ganhado uma medalha de ouro.

Minha performance foi convincente – mais do que devia, na verdade. Alguns dias depois do anúncio, parecia que a AOL dominava o planeta. Lembro-me de aterrissar no aeroporto de Washington e ver meu rosto na capa de quase todas as revistas da banca de jornal. Era como se aquela fosse a semana da maturidade da AOL, como se a internet finalmente tivesse chegado lá. Em retrospecto, porém, sei que meu desempenho como "ator" gerou a equivocada impressão de que eu administraria a companhia pós-fusão. Isso exacerbaria, mais tarde, a percepção de que era principalmente por minha culpa que a empresa combinada ia mal. Eu tinha cedido minha responsabilidade operacional, mas não a prestação de contas pelo desempenho da organização, e não demoraria muito até que os problemas surgissem.

No dia do lançamento oficial, recheamos o release de imprensa com audaciosas promessas para o futuro compartilhado. "A AOL Time Warner será a primeira empresa global a entregar informação de marca, entretenimento e comunicação por meio de plataformas de mídia convergentes e tecnologia em rápida mudança", alardeamos.[6] Era nossa visão. Era o que acreditávamos estar construindo e o que nossos acionistas – 98% dos quais votaram a favor da fusão – abraçaram. Mas nunca chegamos lá. Os problemas que desmontariam a companhia já estavam tomando forma.

O primeiro deles era interno. Como parte da fusão, tínhamos nos comprometido a cortar US$ 1 bilhão de custos – em minha percepção na época, uma meta razoável. A empresa combinada tinha custos de cerca de US$ 30 bilhões, portanto estávamos falando de economizar cerca de 3%. Tal decisão, contudo, implicou demissões e a reorganização das prioridades de negócios logo nos primeiros meses.

"Agora, temos de cortar pessoas e projetos por causa dessa fusão", reclamavam os executivos frustrados. "Do contrário, não teríamos de fazer nada disso."

Criou-se um ressentimento imediato e crescente entre os líderes seniores, o que viria a erodir gravemente nossa capacidade de construir confiança. Havia uma tensão no ar quanto à fusão, mesmo antes de o mercado de ações cair.

A BOLHA EXPLODE

Exatamente dois meses depois do anúncio da fusão, a Nasdaq chegou a sua maior alta de todos os tempos.[7] E então a bolha ponto. com explodiu. Nossa avaliação despencou. No ano seguinte, perdemos cerca de 80% de nosso valor. A queda não afetou apenas nossa avaliação: ela dizimou os planos 401(k)* dos colaboradores

* Denominação de um tipo de plano de aposentadoria patrocinado pelo empregador. O sistema prevê que o funcionário tenha descontado de seus vencimentos um valor correspondente ao imposto de renda retido na fonte, o qual é depositado em uma aplicação financeira – por exemplo, ações da própria empresa empregadora. [N. T.]

da Time Warner. Eles, que já andavam descontentes com o fato de terem sido absorvidos por uma empresa nova-rica, ficaram furiosos. Para alguns, o clima reinante confirmava – e até exacerbava – os temores de quem se opusera à fusão. Era possível sentir a maré virando contra as ponto.com nas manchetes, mas nada se comparava com a mudança de postura dos executivos da Time Warner, muitos dos quais duvidando até do potencial da internet. O mercado em queda despertava o que havia de mais cético em cada um. E, quando a mamãe urso do mercado se põe a proteger seus filhos, ninguém quer ficar no caminho dela.

No entanto, mesmo depois desse ajuste drástico do mercado, ainda estávamos em boa posição. Teria sido melhor para a AOL Time Warner que a internet tivesse mais alguns anos de boom? Sem dúvida. Isso teria feito a diferença? É claro. Uma alta no valor das ações poderia ter convencido a mídia (e mais executivos) de que a fusão havia sido boa ideia ou, pelo menos, nos teria dado tempo e credibilidade para integrar as duas empresas.

Para além disso, tenho dúvida de que mais tempo teria produzido um resultado significativamente diferente. O que nos matou de fato foi a tentativa de unir duas empresas incompatíveis em termos de estrutura, cultura e missão. Do ponto de vista organizacional, a Time Warner funcionava como um portfólio de companhias independentes – com Turner Broadcasting, Time Inc., HBO, Warner Brothers, New Line Cinema, Warner Music e Time Warner Cable funcionando de maneira autônoma. O resultado era uma administração feudal. Rupert Murdoch certa vez me disse que sua News Corp. tinha mais facilidade de fechar um negócio com a Time Warner Cable do que a HBO. Como as empresas que formavam a Time Warner funcionavam de modo independente, a AOL não estava envolvida com uma fusão, mas com cerca de uma dúzia de fusões diferentes *ao mesmo tempo*.

Do ponto de vista cultural, havia um enorme e crucial descompasso entre a AOL e boa parte da Time Warner quanto ao potencial da internet. Vários executivos veteranos do lado de lá sentenciavam que a internet era superestimada, e muita gente na empresa concordava com a avaliação.

O *Wall Street Journal* atribuiu a executivos da Time Warner a preocupação de que eu me concentrava demais em "teorias duvidosas sobre convergência de tecnologia e entretenimento". O que eles consideravam improvável era, para nós, inevitável – e chegaria logo. Assim que a velocidade da transmissão de dados fosse suficientemente rápida, não haveria motivo para os programas da HBO, por exemplo, ficarem limitados a uma plataforma. Na época, contudo, a ideia de um aplicativo de streaming HBO Go teria parecido absurda para muitos executivos da própria HBO.

Em maio de 2000, Jerry anunciou uma nova estrutura de gestão. Quando conversei pela primeira vez com Ted Turner sobre a fusão, ele tinha amado a ideia, pois achava a Time Warner burocrática e lenta demais e acreditava que a fusão chacoalharia as coisas. Naquele maio, Jerry decidiu que Ted deveria continuar como vice-presidente do conselho, mas sem o papel operacional cotidiano na divisão Turner Broadcasting. Ted estava fora – e se indignou. Viu a decisão como uma afronta. Quando as ações despencaram e ele começou a perder bilhões, ficou furioso. Seu temperamento explodia frequentemente nas reuniões do conselho, e ele não perdia oportunidade alguma para destilar seu veneno e amargura contra nós. Ted queria derrubar Jerry (logo, queria que eu caísse também) e não se acanhava em demonstrar isso.

A discórdia instalou-se de vez não só entre Ted e Jerry, mas em toda a companhia. O ambiente ficou irrespirável. Ainda hoje me surpreende como as coisas se apequenaram naquela ocasião e até que ponto alguém pode chegar quando está com medo ou com raiva. Em vez de conversarem sobre como trabalhar juntas para colocar negócios como a *Time* no caminho do sucesso sustentável no futuro digital, as pessoas perdiam tempo discutindo se repórteres da *Time* deviam ou não usar o serviço de e-mail da AOL. Às vezes parecia que, independentemente do rumo que a empresa tomasse, haveria bate-bocas e desavenças desnecessários em relação a pequenos desentendimentos, resultando em uma negligência quase completa da visão geral.

Eu esperava que Jerry fosse eficiente como CEO ao reunir pessoas para executar sua visão. No entanto, por mais inteligente que seja, ele não conseguiu vender a ideia dentro da companhia. De minha parte, subestimei o grau de desconfiança vigente na Time Warner. As pessoas das várias divisões da empresa simplesmente não se uniam. Os negócios eram tão isolados uns dos outros, que a AOL nem sequer teve acesso à infraestrutura de banda larga da Time Warner – o benefício mais óbvio de toda a fusão. A AOL tinha a maior marca de internet do mundo, mas os executivos da Time Warner Cable queriam continuar fazendo as coisas do jeito deles, por conta própria.

Fui ficando cada vez mais frustrado com a falta de empenho de Jerry em entregar a banda larga à AOL ou em implementar outras iniciativas estratégicas tornadas possíveis graças à fusão. As coisas ferveram quando descobri que ele estava interessado em outra aquisição, dessa vez do sistema de banda larga da AT&T. Ele ainda não havia descoberto como gerir o que tínhamos e já buscava acrescentar mais complexidade à organização. Era ofensivo. "Se não estamos fazendo nada do que a fusão deveria permitir, por que diabos começamos isso?", perguntei a ele.

"Quer sabe, Steve?", gritou Jerry de volta. "Eu me faço essa pergunta todos os dias."

O GOLPE SILENCIOSO

Menos de um ano depois da aprovação da fusão, ficou claro para mim que para salvá-la precisávamos de uma mudança de liderança e direção. Na verdade, a culpa não era apenas de Jerry e dos executivos da Time Warner. Havia insolência e arrogância também em alguns líderes da AOL, o que criou problemas, e eu não estava tão envolvido quanto deveria. Calculei que era melhor não dedicar muito tempo à gestão, a fim de evitar mal-entendidos sobre quem estava no comando. No fim, aquele distanciamento apenas cristalizou a visão de que eu era presunçoso e desinteressado.

Precisava tomar uma decisão. Tínhamos de substituir Jerry. A destituição exigiria os votos de três quartos do conselho, o que significava que haveria a necessidade de um candidato de consenso para assumir o posto. Sabia que eu mesmo não podia me candidatar. Não tinha certeza de estar à altura do desafio, mas, de todo modo, não existia essa possibilidade. Jamais convenceria os executivos da Time Warner e os conselheiros a apoiar um CEO egresso da AOL e, mesmo que isso fosse possível, o nome mais provável seria o de Bob Pittman, e isso me deixava desconfortável. Bob, um pioneiro da mídia, tinha sido presidente e diretor de operações da AOL antes da fusão. Era muito orientado para os números, para a execução. Havia ajudado a ajustar a operação do negócio, tornando-o rapidamente mais lucrativo, o que contribuiu muito para a alta estelar de nossas ações. Merece muito crédito por tudo isso.

Ao mesmo tempo, Bob pensava predominantemente no curto prazo. Relutava em fazer mais aquisições ou investimentos estratégicos. Em certa ocasião, por exemplo, em 1996, a AOL teve a chance de ficar com 5% de participação acionária na Amazon, um ano depois de a empresa se tornar online. Bob recusou, dando preferência a um acordo com a Barnes & Noble, exclusivo com a AOL, em troca de US$ 10 milhões de saída. Era um caso clássico de sacrifício da criação estratégica de valor de longo prazo em prol da lucratividade de curto prazo. Foi por isso que, anos mais tarde, ao analisar como proceder com a Time Warner, eu sabia que Bob não tinha a menor chance de assumir a presidência executiva. Só conseguia imaginar uma pessoa apta a substituir Jerry e amealhar votos suficientes do conselho: Dick Parsons.

Dick era membro do conselho da Time Warner desde 1991 e presidente da empresa desde 1995. Envolveu-se nas negociações da fusão e atuou como diretor de operações antes de Bob Pittman. Também era respeitado como gestor. Antes da Time Warner, havia passado um tempo no poder público, trabalhando para o governador e depois vice-presidente Nelson Rockefeller, e fora presidente do Dime Savings Bank. Era comprometido, confiável, admirado e, de muitas maneiras, já vinha sendo preparado para suceder Jerry.

Desde o início, eu me perguntava se Dick seria mesmo a pessoa certa para liderar a companhia. Inteligente, ele sabia muito bem lidar com as pessoas. Porém, era da velha guarda. Não abria seus e-mails, muito menos usava o computador – e é difícil entender a tecnologia se você não se envolve com ela. Dick sabia disso – admitia não ser um homem "de visão", especialmente em se tratando de internet. Estava ali para criar parcerias, tranquilizar as autoridades reguladoras e aparar arestas entre executivos turrões. Tinha papel político – era um diplomata, não um inovador. Preferia acomodar as coisas em vez de sacudi-las, mesmo quando o mundo mudava a sua volta. No entanto, dada a falta de outros nomes, eu sentia que não faria grande diferença se Dick fosse ou não o homem certo. O *status quo* era inaceitável, e precisávamos de uma direção diferente. Dick era o único em condições de reunir o apoio necessário e eu confiava na possibilidade de me associar a ele: eu na direção da estratégia; ele na orientação da operação cotidiana.

Ficou acertado. Em um fim de semana no início de dezembro de 2001, conversei com Dick para compartilhar minha crescente preocupação quanto à liderança de Jerry. Disse que planejava conversar com conselheiros a respeito da possível destituição de Jerry do cargo de CEO e que queria trabalhar para que ele, Dick, assumisse o papel. Prometi me envolver muito mais com a empresa, trabalhando ao lado dele para recolocar as coisas no trilho. Dick entendeu e me deu apoio. Fizemos dezenas de telefonemas para vários diretores ao longo do fim de semana, em um esforço para garantir os votos. Quando Jerry soube de nossa movimentação, já era tarde. Ele sabia o que vinha pela frente. Alguns dias depois, anunciou sua aposentadoria. Saiu do cargo em maio, e não passou muito tempo até que eu sentisse sua falta.

Alguns meses depois da nomeação de Dick, marquei um jantar com ele e Lou Gerstner, então CEO da IBM. Queria convencer Dick a atuar mais estrategicamente e a trabalhar mais pela integração em toda a AOL Time Warner. Achei que Lou, que fizera algo semelhante na IBM, teria muito a contribuir nessa conversa.

Nós nos encontramos em um restaurante italiano no West Village, em Nova York. Depois de cerca de uma hora, Dick pediu licença para ir ao banheiro. Assim que saiu, Lou virou-se para mim e sussurrou: "Caramba, Steve, você certamente vai ter um trabalhão com Dick". Lou estava chocado com o baixo grau de intimidade de Dick com tecnologia.

"Por que você acha que marquei este jantar?", respondi. "Acho que precisamos fazer uma operação de emergência."

AOL, A ÓRFÃ

Pouco depois do encontro, Dick decidiu reorganizar a empresa. Seu plano: metade da companhia deveria se reportar a Jeff Bewkes, CEO da HBO, e a outra metade, a Don Logan, CEO da Time Inc. Nesse novo desenho administrativo, tanto a AOL como a Time Warner Cable fariam parte do portfólio de Don.

Eu me opus a essa estrutura. Não que não respeitasse Don; ao contrário, ele era um excelente executivo do setor editorial. No entanto, ele não tinha uma compreensão profunda da tecnologia digital e odiava a internet, à qual chamava de "buraco negro", dentro do qual os investimentos se perdiam para sempre. Ao lado de Jeff, havia sido um dos mais ruidosos antagonistas do plano de fusão, ficara irritado quando o acordo foi fechado com a AOL e, aparentemente, não via a hora de dar o troco.

Se Dick pusesse a AOL – a plataforma digital premium da década – e a Time Warner Cable – um dos negócios mais focados em tecnologia da empresa – nas mãos de alguém que não acreditava no futuro da internet, ambas poderiam acabar destruídas. Enfatizei esse ponto diretamente para Dick, Jeff e Don em um jantar. Sugeri algumas alternativas organizacionais. Entretanto, ficou claro que minha opinião não importava.

Conversamos sobre mudar o nome da empresa, mas não sua cultura. A percepção era a de que não havia como fazê-lo. Talvez fosse verdade, porém o fato é que quase ninguém estava interessado em tentar. Não que eu não tivesse me esforçado. Depois que Dick assumiu, aluguei um apartamento em Nova York e dediquei muito mais tempo ao negócio – e a Dick. Pressionei-o para que formasse um comitê de estratégia com os líderes das divisões, sob minha coordenação. Fizemos algum progresso e delineamos um punhado de iniciativas, mas, depois de seis meses, ficou nítido que os membros do comitê não tinham o apoio dos executivos acima deles ou mesmo de Dick como novo CEO. Em certo momento, Jeff Bewkes me atacou em uma reunião do comitê de estratégia. Criticou a AOL dizendo que era a divisão "mais fora de seu plano". Lançou seu veneno contra mim, mesmo sabendo que havia mais de um ano eu não tinha autoridade direta sobre a AOL. Era enlouquecedor. Jogado para escanteio, assistindo a meu "bebê" ser maltratado pela estratégia confusa e pela má execução, fui acusado de ser o único responsável pelos previsíveis maus resultados.

O choque de culturas, claro, não se limitava à diretoria. Houve discussões acaloradas também nas reuniões do conselho, dividido meio a meio entre a AOL e a Time Warner no acordo da fusão. O clima era de permanente beligerância. Nenhum dos lados parecia ouvir o outro. Com frequência, interrompíamos uns aos outros e, às vezes, nem sequer dialogávamos.

Como presidente do conselho, eu tinha responsabilidade sem autoridade, sendo o culpado mesmo sem dispor de meios para controlar a situação. Eu havia sido CEO de uma das companhias mais badaladas do mundo, comandando tanto o conselho como a equipe de gestão. Agora, era uma espécie de pária, com influência minguante. Enquanto isso, as feridas autoinfligidas pela empresa continuavam a aumentar. Houve um momento, por exemplo, em que a AOL queria acrescentar serviços de voz ao AIM, nosso serviço de mensagens instantâneas. Do lado da AOL, sabíamos que havia um grande potencial de mercado – visão confirmada alguns anos depois, com o lançamento do Skype, em 2003. Na época, porém, a Time Warner Cable promovia o pacote digital "Triple Play" e não queria que nada interferisse nessa aposta. Por fim, os novos serviços da AOL acabaram esmagados, uma vez que os gestores optaram pelas margens altas no curto prazo proporcionadas pela TV a cabo. Em essência, mataram uma oportunidade emergente para proteger um negócio existente.

Em fevereiro de 2002, fui à cerimônia dos prêmios Grammy. Ahmet Ertegun, o lendário executivo fundador da Atlantic

Records (que, na época, fazia parte da Warner Music), pediu uma reunião particular comigo. Nós nos encontramos no hotel Peninsula, em Beverly Hills, e conversamos a respeito da saúde de nossos negócios. Ele me contou de sua frustração com a Warner Music, de seu desapontamento quanto a não ser consultado para mais nada. Ahmet era um de meus heróis – um ícone do setor da música (e membro do Rock and Roll Hall of Fame). Era triste ouvir aquilo. De minha parte, cada vez mais isolado e impotente, eu ainda carregava muita culpa, tanto em particular como em público. Gostaria de intervir para ajudar Ahmet, mas não tinha poder para fazer isso na época.

No meio desse turbilhão, a fusão foi engolfada por uma onda de cobertura negativa da imprensa. Em julho de 2002, o *Washington Post* publicou matérias muito duras e críticas à AOL. As reportagens tratavam de cultura empresarial, de excessos de ego e de comportamento quando éramos a empresa dominante da internet, no fim dos anos 1990, e uma delas levantou suspeitas de que a AOL havia cometido erros contábeis. Em um momento como aquele – com a organização pós-fusão naufragando e os antigos executivos da Time Warner colocando a culpa exclusivamente na equipe da AOL –, as matérias deram margem para que muitas pessoas, dentro e fora da empresa, abraçassem a tese de que a Time Warner tinha sido "ludibriada" na fusão com a AOL.

Havia três problemas com essa acusação. Primeiro, praticamente todas as transações específicas citadas pelo *Post* (e por uma investigação posterior da SEC) que refletiam a contabilidade imprópria tinham ocorrido *depois* do contrato de fusão AOL Time Warner. Em outras palavras, a Time Warner já havia entrado em processo de fusão com a AOL quando tais transações ocorreram (os desvios contábeis citados datam principalmente do período de um ano entre o acordo de fusão e o fechamento do negócio). Em segundo lugar, as transações apontadas como suspeitas e depois revisadas pela SEC referiam-se a negócios reais, envolvendo pagamentos reais para a AOL – os questionamentos tinham a ver com o modo como tais pagamentos foram classificados. Portanto, o caso da AOL nada tinha a ver com a onda de escândalos da época, quando grandes empresas se viram em apuros por terem contabilizado transações fictícias.

O terceiro ponto dizia respeito ao montante envolvido nas transações: sua soma correspondia a uma pequena porcentagem da receita total da AOL. Sob a manchete "O que os contadores da AOL fizeram de errado? Não muito", a revista online *Slate* assim descreveu a questão, em agosto de 2002: "O que se deve ter em mente é que mesmo a pior das hipóteses – a de que a AOL não devia registrar a receita como própria, mas o fez – não é especialmente séria".

De todo modo, o estrago estava feito. O frenesi da mídia em torno de fraudes contábeis como a da Enron, em 2002, lançou gasolina sobre a fogueira acesa pela crítica disseminada à fusão. Eu sabia que tinha de fazer algo e, com a pouca influência que ainda exercia na equipe de gestão, concentrei meus esforços em controlar o conselho. Distribuí um memorando delineando uma ampla gama de movimentos estratégicos que, eu acreditava, mereceriam consideração de meus pares. Sugeri a compra do Google, que na época, muito antes de abrir o capital, valia US$ 2 bilhões. (Nós já detínhamos 5% da empresa, obtidos pela AOL em troca da integração da busca do Google em nosso serviço. Hoje, essa cota valeria mais de US$ 20 bilhões). Também aventei a ideia da aquisição da Apple, para nos beneficiarmos da expertise em software, hardware e design. Tais sugestões, e muitas outras, foram descartadas ou ignoradas. Ficou evidente que eu não tinha escolha.

Era hora de ir embora.

UM NOVO SONHO

No ano em que estávamos tentando aprovar a fusão, várias empresas pediram ao governo que bloqueasse o acordo, argumentando que as duas companhias juntas seriam tão poderosas, que ninguém seria capaz de competir. O que aconteceu, porém, foi que nós não conseguimos escapar de nosso jeito de ser. Três anos depois de nossos competidores marcharem por Washington para nos parar, nós mesmos nos paramos. Nós possuíamos ativos incríveis e um ótimo grupo de executivos, mas foi um pouco como a seleção de basquete norte-americana nos Jogos Olímpicos de 2004: você convoca um suposto *dream team*, para chegar lá e perder para Porto Rico e Lituânia.

Houve fatores – como o derretimento do mercado de ações – que desempenharam seu papel. No entanto, nosso problema tinha a ver, principalmente, com pessoas: emoções, egos e, em última análise, cultura. O fato de uma empresa com potencial para se tornar a primeira companhia avaliada em US$ 1 trilhão perder US$ 200 bilhões de valor[8] revela quão importante é o fator gente. De fato, não importa qual é seu plano quando você não consegue alinhar as pessoas em torno dos mesmos objetivos. Como escreveu Jim Collins certa vez, "você não precisa apenas das pessoas certas no ônibus, mas das pessoas certas nos assentos certos".

Em 2015, a *Fortune* realizou seu Fórum Global em São Francisco, exatamente o mesmo evento do qual havia participado em Xangai em 1999. Quase todos os comentários destacavam que a cultura é crítica. "Cinquenta por cento de nossos negócios mudaram nos últimos dez anos", disse Joe Kaeser, CEO da Siemens. "A chave para sobreviver é ter uma cultura de propriedade. Você tem de falar ao coração das pessoas. Tem de falar ao orgulho das pessoas."

"A cultura é a única coisa que você precisa acertar", acrescentou Brian Roberts, CEO da Comcast. Mark Bertolini, CEO da Aetna, concordou: "A cultura realmente fala mais alto do que a estratégia, todo dia".

No momento da fusão, eu não entendia em que medida as emoções pessoais podiam desempenhar um papel em decisões profissionais. Em retrospecto, era ingênuo para pensar que movimentos estratégicos óbvios para mim seriam igualmente óbvios para os demais. Por exemplo, eu tinha confiança de que a melhor abordagem para a empresa era abraçar a tecnologia e os novos modelos de negócio. Fiquei chocado quando minhas tentativas de encorajar investimentos no Napster e outros serviços digitais pioneiros foram sonoramente rejeitadas. Subestimei o trabalho que daria para convencer os executivos de coisas que pareciam cristalinas para mim. Em uma reunião de conselho, observei que os dois lados pareciam falar línguas diferentes, e ninguém conseguia falar até o fim. Algumas das desavenças referiam-se a distintas perspectivas e visões de mundo. No entanto, a maior parte delas, infelizmente, estava relacionada com desconfianças e ressentimentos pessoais.

Eu poderia ter feito um trabalho melhor para administrar essa falta de confiança. Poderia ter feito um trabalho melhor para reparar pontes incendiadas e travar relações funcionais com aqueles que me tratavam com tanto ceticismo. E poderia ter feito um trabalho melhor ao deixar claro que queria fazer parte da solução. Meu plano, desde o começo, era manter um passo atrás, para que as pessoas soubessem que era Jerry quem estava tomando as decisões. Hoje, contudo, acho que recuei demais, em parte como resultado de circunstâncias pessoais: três anos antes da fusão, minha primeira esposa e eu nos divorciamos, o que me levou a querer devotar mais tempo aos filhos. Apenas seis meses depois do anúncio da fusão, os médicos diagnosticaram meu irmão Dan com câncer de cérebro terminal. Ele não tinha muito tempo de vida. Comprei uma casa no mesmo quarteirão dele em São Francisco e o visitei com frequência nos 15 meses antes de sua morte. Não me arrependo de ter passado o tempo que precisava passar com minha família. Entretanto, me arrependo de não ter passado mais tempo com os executivos-chave da empresa. O que julguei como algo positivo para o negócio – manter-me fora do caminho – soou como arrogância e até indiferença.

Talvez pudéssemos ter trazido um CEO externo para substituir Jerry, mas isso não era possível na prática. Tenho certeza de que meus esforços para destituir Jerry falhariam se eu não tivesse proposto Dick como substituto. Quando, mais tarde, aventei a ideia de comprar a Apple, eu tinha uma agenda paralela: trazer Steve Jobs para a companhia já pensando em fazer dele o futuro CEO. Steve tinha a credibilidade e o conhecimento dos mundos digital e tecnológico e, em virtude do sucesso da Pixar, também desfrutava a confiança dos criadores de conteúdo, especialmente em Hollywood. Jamais houve votos a favor dessa ideia. Ela nunca foi sequer discutida com seriedade.

Sair da AOL Time Warner foi difícil. Logo depois do anúncio da fusão, a revista *Vanity Fair* tinha me citado como a pessoa mais poderosa do "novo establishment", à frente de Bill Gates, Rupert Murdoch, Warren Buffett e Steve Jobs. Alguns anos depois, eu nem sequer vinha sendo listado. De gestor de uma das empresas mais celebradas do país, havia acabado no papel de não gerir nada, sendo publicamente constrangido. Não foi um período feliz em minha vida. Passei boa parte do tempo refletindo sobre o que tinha dado tão certo – e tão errado – e sobre o que deveria fazer em seguida.

Uma semana depois de sair, encontrei-me com Donn Davis, que tinha sido executivo da AOL e meu chefe de equipe quando presidi o conselho da AOL Time Warner. Disse-lhe que não tinha certeza do que pretendia fazer, mas sabia que queria voltar a minhas raízes empreendedoras. Queria trabalhar com ele, para me ajudar a encontrar um novo caminho.

Naquele mesmo ano, comecei a fazer alguns investimentos e descobri do que realmente gostava. Havia algo de especial e alentador em usar o dinheiro que tinha ganhado na AOL para apoiar a geração seguinte de empreendedores. Conforme o tamanho e a escala desses investimentos ganharam velocidade, decidi formalizar meus esforços criando uma empresa. Chamei-a de Revolution, para sinalizar meu desejo de apoiar empreendedores dispostos a revolucionar aspectos importantes de nossa vida. À medida que nossos esforços de planejamento evoluíram, entrei em contato com Tige Savage, que atuara na Time Warner Ventures, e pedi que se juntasse a nós. Fiz o mesmo convite a David Golden, que tinha trabalhado para meu irmão Dan na Hambrecht & Quist, e a Ron Klain, que havia sido meu advogado e se tornara um conselheiro de confiança. Ted Leonsis, mais tarde, uniu-se a nós, depois de sair da AOL.

Eu estava reunindo a banda de novo para correr atrás de um novo sonho: tornar a Revolution uma das empresas de investimento líderes no mundo. Não queria que fôssemos passivos. Meu projeto era alavancar tudo o que tínhamos aprendido para lançar empreendimentos de sucesso. Não era só questão de preencher cheques. A ideia era arregaçar as mangas e fazer todo o possível a fim de contribuir para que nossos empreendedores realizassem seus sonhos.

Passamos o fim de 2004 e o começo de 2005 preparando o lançamento do negócio. Criamos um logo – um *R* vermelho estilizado em um círculo – e começamos a prospectar empresas e setores. Encontramos especialistas e empreendedores nas mais diversas áreas. Bloqueamos todos os domínios e marcas que queríamos. Mesmo tendo criado a AOL no que era então uma parte remota do norte da Virgínia (e, com isso, ajudado a criar todo um corredor tecnológico nos arredores dos subúrbios do estado), decidi instalar a Revolution no centro de Washington, esperando estimular um novo boom tecnológico dentro desse hub urbano.

Em março de 2005, anunciamos oficialmente a Revolution. No dia do lançamento, liguei os alto-falantes em nossos escritórios e toquei no último volume minha música favorita de Steve Earle, "The Revolution Starts Now".

10

A MÃO VISÍVEL

Nunca fui muito ligado em política. Sempre me interessei por história e políticas públicas, mas penso de maneira independente e não me sinto confortável com posições hiperpartidaristas. Estudei ciência política na faculdade, em parte porque era a coisa mais próxima de marketing que o Williams College oferecia. Mesmo na época, vários debates que fazíamos soavam ideológicos, com frequente polarização e entrincheiramento de posições, além de desconfianças de parte a parte. As pessoas viam o governo em termos rígidos: como a fonte primária de todos os problemas ou como a única solução para eles. Jamais consegui me identificar com nenhuma dessas perspectivas, e nunca gostei de embates baseados no preto ou branco, no ganha ou perde.

Hoje, quando ouço gente ligada aos negócios falando do governo, frequentemente sinto que voltei no tempo. Se fechar os olhos, é como se estivesse na sala de aula, ouvindo os mesmos argumentos daquela época – e eles continuam carentes de nuances, como anos atrás.

Minha visão é simples: o governo será fundamental na terceira onda. Ponto-final. Não importa qual seja sua visão: se você não souber como trabalhar com o governo – e como fazer o governo trabalhar com você –, provavelmente não será um empreendedor de sucesso na terceira onda.

Sei que o governo pode representar um problema para as empresas. Entendo isso. (Na verdade, eu o vivenciei muitas vezes.) Também sei que os empreendedores, sempre autossuficientes, não se inclinam a trabalhar com o governo. No entanto, o papel que o governo desempenha ao moldar a sociedade e a economia o tornará uma força-chave na terceira onda.

Afinal, sempre será o governo que definirá – por ação ou omissão – o ambiente no qual o empreendedor opera. Na pior das hipóteses, o governo representará apenas a caricatura que meus colegas de classe temiam: um estorvo, a fonte de obstáculos enlouquecedores para tolher um negócio nascente. Na melhor das hipóteses, porém, poderá criar um ambiente favorável à inovação e ao empreendedorismo, não oferecendo a certeza do sucesso, mas mitigando o risco e expandindo a escala de oportunidade.

Em última instância, é o governo que define e aplica as regras. Os formuladores de leis determinam a facilidade ou a dificuldade de acesso ao talento global e ao capital de risco, a simplicidade ou a complexidade do processo de abrir uma empresa e fazê-la crescer e quanto do investimento federal em pesquisa e desenvolvimento será direcionado para empresas envolvidas na criação de novas ideias. O governo estabelece a agilidade e a burocracia com a qual o comércio vai cruzar fronteiras e oceanos e frequentemente, com instrumentos como o código tributário, decide quais tipos de investimentos e setores produtivos serão incentivados.

É fácil para um empreendedor norte-americano se sentir frustrado, ou até furioso, com o modo como as coisas funcionam em Washington. Contudo, é um erro concluir que o governo é inútil ou que não tem jeito. Quanto mais se entende o papel crítico que o governo pode desempenhar – e realmente desempenha – na vida de um negócio, maior será a compreensão de que é na política, mais do que nas instituições, que reside a questão fundamental para os negócios.

O GOVERNO COMO INOVADOR

Em 1958, o ano em que nasci, o presidente Dwight Eisenhower criou a Advanced Research Projects Agency (Arpa, mais tarde denominada Darpa, por incorporar a área de defesa), agência federal encarregada de pesquisar ideias visionárias, além do horizonte. Os cientistas teriam financiamento e condições para explorar novos conceitos, independentemente de seu eventual valor comercial – pensar além do lucro de curto prazo para imaginar a transformação de longo prazo. Desde sua criação, a Darpa tem sido responsável por inovações avassaladoras, da tecnologia de aviões furtivos ao GPS.

Por meio de iniciativas como essa, o governo norte-americano com frequência vem atuando como o coração pulsante da inovação, bombeando energia vital para ideias nascentes capazes de determinar nosso futuro econômico. O poder estatal tem sido uma fonte crucial de apoio a projetos que, em seu berço, não possuíam uma finalidade comercial clara, incluindo aí os semicondutores, que, em última instância, viriam a desencadear uma revolução tecnológica. O governo se mostra disposto a assumir riscos em áreas nas quais o setor privado não tem capacidade ou coragem de investir. Em uma avaliação da influência do governo federal no desenvolvimento tecnológico, pesquisadores descobriram que, do fim dos anos 1980 até o fim dos 2000, a maioria das inovações reconhecidas pelo R&D 100 Awards – prêmio que é o "Oscar" dos profissionais de pesquisa e desenvolvimento – contou com apoio federal em alguma etapa de seu desenvolvimento.

Os frutos do trabalho de P&D financiado pelo governo acabam, em geral, encontrando seu caminho até o uso comercial. Pense em todo o esforço investido nos componentes que fazem seu smartphone funcionar. Boa parte deles só se tornou possível com os investimentos estatais na era da Guerra Fria.[1] O sistema de navegação de seu carro provavelmente não existiria se o Departamento de Defesa dos Estados Unidos não tivesse criado o sistema de posicionamento global baseado em satélite, a fim de melhorar o poder de dissuasão nuclear do país.[2] O sistema de radar que guia pousos e decolagens dos voos comerciais surgiu graças ao empenho de pesquisadores navais em busca de novos métodos para detectar a aproximação de barcos e aeronaves.[3] Os medicamentos controlados de sua gaveta de remédios foram desenvolvidos, pelo menos em parte, por meio de subvenções federais.[4,5]

O governo norte-americano também fez parte crucial do ciclo de vida da AOL, pelo papel que desempenhou na criação da internet. Em 1962, os cientistas e os engenheiros da Arpa já cogitavam a possibilidade de estabelecer uma rede entre computadores situados em diferentes locais. Em quatro anos, começaram a construí-la. Três anos depois, estabeleceram a primeira conexão ponto a ponto entre computadores. E, em 1972 – uma década depois da conceituação inicial dessa rede –, enviaram o primeiro e-mail. Esse sistema de rede interconectada ganhou um nome curto: "internet".

O sucesso da AOL não aconteceria se o governo não tivesse construído a internet primeiro. Nem teria sido possível se o governo não tivesse se dedicado a entender o potencial que a rede teria em mãos privadas, dando os passos necessários para abri-la ao público – o que incluiu os esforços antitruste que levaram à quebra da Bell System (e ao aumento da concorrência no mercado de telecomunicações), a decisão da FCC de abrir as redes telefônicas ao acesso discado e a aprovação pelo Congresso da lei das telecomunicações (1996), que ajudou a viabilizar o uso comercial da internet.

A internet poderia ter se mantido como ferramenta exclusiva para fins militares e científicos. No entanto, os líderes de governo tomaram uma decisão crucial: ampliar o espectro da rede e permitir sua comercialização. Essa escolha parece óbvia quando observada em retrospecto, mas constituiu um ato visionário – e de suma importância. Em 2014, a internet representava US$ 8 trilhões da atividade econômica, valor que supera o PIB da Espanha e do Canadá, e com uma taxa de crescimento mais veloz do que a do Brasil.

O papel do governo não é comercializar suas inovações, mas sim estimular o avanço tecnológico em áreas que o mercado não vai explorar por conta própria – a fim de gerar ideias e inovações que empreendedores visionários possam transformar em produtos e negócios economicamente viáveis. Mesmo divisões um tanto obscuras do governo podem desempenhar papéis extraordinários em inovação. A Small Business Administration (SBA), por exemplo, aparece pouco nas manchetes de jornal, de modo que pouca gente sabe de suas contribuições. Empresas como Qualcomm, Apple e Intel foram algumas que se beneficiaram de garantias de empréstimo da SBA para sair do chão.

Vale lembrar também o esforço liderado pela administração pública norte-americana para preservar dados e informações online. Entre 1994 e 1999, sob a Digital Libraries Initiative (DLI), o governo federal investiu US$ 68 milhões na forma de subvenção de pesquisa para ajudar a resolver o desafio.[6] Entre os vencedores do programa estavam alunos de graduação de Stanford que queriam criar um método de indexação de páginas na web.

Seus nomes: Larry Page e Sergey Brin. O trabalho que fizeram com o apoio da bolsa ofertada pela DLI foi a base do algoritmo de busca do Google.[7]

Se não fosse o governo, não teríamos a internet, tampouco algumas das mais importantes empresas da primeira e da segunda ondas, responsáveis por moldar o uso comercial da rede. Sem o funcionalismo e a burocracia do poder público – cujos agentes são com frequência ridicularizados no Vale do Silício –, nunca haveria Vale do Silício.

O GOVERNO E A TERCEIRA ONDA

O governo será crucial para a terceira onda, atuando em dois papéis-chave: como regulador e como consumidor. O aspecto regulatório é complexo, pois os funcionários públicos apresentam todo tipo de novos e singulares desafios. O sensor da internet das coisas e a tecnologia de rastreamento darão às empresas acesso inédito e extraordinariamente detalhado a nossa vida cotidiana: não só ao tipo de comida que você compra, mas a seus hábitos alimentares; não só a quanta energia gasta, mas à temperatura do ar-condicionado de seu quarto enquanto você dorme.

Quando uma empresa utilizar dados coletados no cotidiano de uma aluna para oferecer uma solução que vai melhorar suas habilidades de leitura, nós certamente comemoraremos o benefício. Mas o que acontecerá com esses dados depois que ela se graduar no ensino médio? Esses dados serão da estudante? Ficarão sob o controle dela? No futuro, um aplicativo de namoro poderá solicitar que ela forneça esses dados, para análise de compatibilidade de parceiros? Tais dados serão vendidos? Os atuais avanços tecnológicos não são pequenos passos; são saltos gigantescos, que trazem consigo incontáveis questões para os órgãos reguladores do governo. Como deve ser o uso comercial desses dados pelas empresas? Como manter o consumidor informado sobre as finalidades e os meios com que seus dados são usados? Até que ponto o governo deve desempenhar o papel de intervir em tais questões?

As implicações de segurança também são complicadas. Há o risco, claro, de que os hackers usem e explorem esses dados para bolar novas maneiras de praticar fraudes, roubos de identidade e assim por diante. Em um cenário ainda mais assustador, os hackers assumiriam o controle dos equipamentos da internet das coisas. E o que aconteceria se, em vez de burlar o banco de dados do governo, eles optassem por invadir todos os aparelhos de marca-passo em operação no país? "Se você pensar que há um problema de cibersegurança agora, espere até o dia de inverno em que um hacker do outro lado do mundo desligar o termostato em 100 mil lares de Washington", diz Marc Rotenberg, chefe da Electronic Privacy Information Center, organização de interesse público sediada na capital norte-americana.

Como tudo isso será contemplado no espectro regulatório? E como o governo fará para equilibrar as necessidades de segurança e privacidade com a liberação do enorme potencial econômico representado pela terceira onda? Atingir esse equilíbrio é tão crucial quanto complicado. Só quem é ingênuo ou mal-intencionado minimizaria ou negaria a complexidade do desafio.

O GOVERNO COMO CONSUMIDOR

Para muitas empresas da terceira onda, o governo não atuará apenas como um curinga regulatório. Também será visto como grande cliente potencial. De fato, imagino que nas próximas décadas dezenas de empresas chegarão ao status de unicórnio,* desenvolvendo produtos principalmente para vender a governos em todo o mundo.

Agências de proteção ambiental poderiam usar sensores conectados à internet para monitorar a qualidade do ar e dos oceanos com precisão jamais alcançada. Por meio de um sistema de sensores instalados na infraestrutura viária, departamentos de transporte teriam acesso à informação em tempo real a respeito de tudo, do volume de tráfego a buracos na rua. Nos Estados Unidos,

* No ecossistema de startups tecnológicas, uma empresa é chamada de unicórnio quando tem seu valor avaliado em mais de US$ 1 bilhão pelos investidores. [N. T.]

o Departamento de Defesa já vem implementando equipamentos vestíveis para soldados, criando uma linha de frente plugada na rede. Cidades e estados certamente não ficarão alheios, usando a integração da terceira onda para todo tipo de tarefa – na gestão dos semáforos das ruas, do consumo de energia, do funcionamento dos sistemas de esgoto, dos números da criminalidade.

O governo federal já ensaia os passos para a remodelação dos serviços públicos em função da era digital. A Casa Branca criou o United States Digital Service (USDS) em 2014, convocando alguns dos melhores e mais brilhantes talentos do mundo da tecnologia para trabalhar em várias agências federais, em uma iniciativa que a revista *Fast Company* chamou de "startup furtiva de Obama". O USDS recruta engenheiros de ponta por períodos de um a quatro anos, alocando-os em projetos-chave do governo – seja para implantar a renovação online de green cards, seja para aperfeiçoar a prestação de serviços digitais para veteranos de guerra. Acima de tudo, a meta é "importar" a eficiência e a efetividade das empresas mais bem-sucedidas do Vale do Silício para Washington. Essas iniciativas poderiam ser o começo de uma revisão mais do que necessária da burocracia federal e dos procedimentos de compras públicas utilizados até agora. E o USDS se tornaria, assim, um pit stop regular para estrelas em ascensão na tecnologia – assim como os programas Peace Corps e White House Fellows têm sido campos de treinamento para líderes emergentes.

Isso talvez servisse como inspiração para alguns empreendedores da terceira onda. O pessoal de tecnologia que o USDS vem arregimentando sabe reconhecer uma oportunidade – entre as contratações iniciais havia muitos dos primeiros funcionários do Facebook, do Google, da Amazon e do Twitter. O cofundador do USDS, Todd Park, era ele mesmo um bem-sucedido empreendedor serial antes de se associar ao governo. Agora, todos estão debruçados sobre caminhos para resolver um dos maiores problemas enfrentados pelos Estados Unidos: como fazer o governo funcionar no contexto do século 21. Eu não ficarei surpreso se veteranos do USDS voltarem ao empreendedorismo depois de concluir seus contratos em Washington. A experiência direta com alguns dos maiores problemas enfrentados pelas agências públicas lhes será muito rica caso queiram construir startups para lidar com tais desafios.

Os futuros empreendedores da terceira onda precisam estar preparados para o envolvimento com o governo. Cabe a eles fazer com que os legisladores compreendam como cada empresa e cada setor funcionam, quais os interesses do setor privado no debate e que tipo de impacto as políticas propostas exerceriam. Ignorar o governo, portanto, equivale a abrir mão de participar das deliberações públicas que afetarão diretamente o setor e o negócio em que se atua.

O relacionamento saudável com a administração estatal será difícil e exigirá uma base de respeito, muita disposição para ouvir e grandes doses de paciência. No entanto, pode funcionar. Já funcionou antes. Sei por experiência própria.

COMO TRABALHAR COM O GOVERNO

O doloroso fracasso da fusão AOL Time Warner reduziu-se a pessoas, relacionamentos e cultura. Tínhamos uma noção bem clara do que fazer, mas não as pessoas certas, ou a cultura certa, para capitalizar as oportunidades que sugiram. A falta de confiança avariou a capacidade da empresa de ser bem-sucedida.

Quando comecei a trabalhar com o governo e em torno dele, levei a sério as lições proporcionadas pela experiência e reverti o curso. Foquei minha atenção não só em ter ideias, mas em construir relacionamentos com pessoas que poderiam ajudar a fazê-las acontecer. Intencionalmente, permaneci fora da política. Não me envolvi com levantadores de fundos nem apoiei candidato algum. Em vez disso, mantive-me independente e concentrado em construir coalizões bipartidárias. Em 2009, essa abordagem foi colocada em teste. Fui chamado para ser cogestor do então recém-formado National Advisory Council on Innovation & Entrepreneurship (Nacie), formado por mais de uma dúzia de pessoas de várias regiões e setores. O Nacie formulou várias recomendações de políticas, muitas das quais abraçadas pela Casa Branca e colocadas em ação. Mais tarde, quando lançou o Startup America, o presidente Obama me pediu para comandar a iniciativa. Recrutamos um conselho de luminares, entre eles Reed Hastings, da Netflix, Kevin Plank, da Under Armour, Fred Smith, da FedEx, Michael Dell, da Dell, Tory Burch e Magic Johnson.

Logo depois, quando foi criado o Council on Jobs and Competitiveness, ou Jobs Council, órgão propositivo ligado à presidência, convidaram-me a fazer parte dele também. Dirigi o subcomitê focado em empreendedorismo, trabalhando com Sheryl Sandberg, do Facebook, e John Doerr, da Kleiner Perkins Caufield & Byers.

Esses papéis me deram a chance de trabalhar com funcionários da Casa Branca e do Congresso. De início, envolvemos líderes da comunidade de negócios e travamos contato com congressistas democratas e republicanos, para solicitar ideias. Pedimos à McKinsey, firma de consultoria respeitada por ambos os lados, que compilasse um relatório sobre as várias políticas pró-inovação propostas ao longo dos anos. Solicitamos, ainda, que elas fossem classificadas em um ranking em termos de impacto positivo potencial sobre o empreendedorismo e a criação de empregos.

Com esse arco de parceiros e o trabalho de pesquisa, identificamos políticas que careciam de atualização. Algumas de nossas recomendações estavam relacionadas à modernização das leis de imigração, de modo a melhorar o posicionamento dos Estados Unidos naquilo que se tornou uma batalha global por talentos. Reduzir as regulamentações a fim de facilitar os trâmites de abertura de empresas foi outra solicitação. Também sugerimos a implantação de programas de empreendedorismo e infraestrutura em regiões fora dos centros de tecnologia. Entretanto, logo ficou nítido que a tarefa mais crucial era facilitar o acesso ao capital para empreendedores em fase inicial do negócio ou já empenhados em fazer sua empresa crescer.

Ficamos surpresos ao saber que algumas das leis de segurança em relação ao levantamento de capital privado seguiam inalteradas desde 1933, quando não se levava em conta como o capital de risco funcionava ou, para todos os efeitos, quando não existia a internet. Essas regulamentações de longa data tornavam complicada a obtenção de capital pelos empreendedores – novas regras do sistema bancário, como o Dodd-Frank Wall Street

Reform and Consumer Protection Act, de 2010, dificultavam os empréstimos, sendo que a legislação Sarbanes-Oxley, de 2002, já havia tornado mais complexa (e mais cara) a abertura de capital por novas empresas. Nossa equipe formulou um punhado de recomendações para que o dinheiro pudesse fluir para mais empreendedores, em mais lugares, mais rapidamente.

As recomendações resultantes abrangiam criar um processo de IPO mais amigável para empreendedores emergentes à frente de negócios em crescimento, a fim de lhes facilitar a busca de novos investidores. Um dos elementos mais importantes foi possibilitar o levantamento de dinheiro pela internet, por meio de crowdfunding. Empresas como Kickstarter e Indiegogo surgiram para que as pessoas pudessem arrecadar fundos para projetos. Nossa força-tarefa visava permitir que empreendedores usassem crowdfunding a fim de levantar capital de risco para começar ou ampliar suas empresas.

Ao longo de todo o processo, as pessoas nos diziam que estávamos perdendo tempo, que nossos esforços seriam ignorados, que, mesmo que alguns poucos prestassem atenção, nós não seríamos capazes de aprovar qualquer legislação no Congresso Nacional, sobretudo em ano eleitoral. Entretanto, eu estava convencido, assim como outros membros do grupo, de que obteríamos consenso para nossas propostas, desde que antes conseguíssemos angariar confiança. Então, passamos a conversar com influenciadores de peso tanto na Casa Branca como no Congresso. Queríamos construir apoio para as recomendações, de modo que elas não fossem ignoradas e pudessem realmente entrar em vigor.

O silencioso esforço diplomático acelerou-se nas semanas anteriores ao lançamento de nosso relatório. O plano era apresentar as recomendações ao presidente Obama em 17 de janeiro de 2012, na reunião do Jobs Council, mas sabíamos que o trabalho decisivo consistia na preparação para aquele encontro. Na época, o clima político estava pior do que o normal e, com as eleições se aproximando, sabíamos que as recomendações não iriam adiante caso sua origem fosse associada a algum dos partidos.

O fato de o Jobs Council reportar-se ao presidente – e ser dirigido pelo CEO da General Electric, Jeff Immelt – nos dava alguma proeminência. No entanto, queríamos evitar quaisquer considerações de ordem partidária e manter o foco nos méritos das recomendações políticas específicas. Organizamos dezenas de pequenas reuniões prévias, em dezenas de escritórios, para costurar apoio bipartidário em torno da prioridade de aprovar a legislação pró-empreendedorismo – não só pela Casa Branca, mas pelos congressistas republicanos e democratas.

Telefonei para o líder da maioria republicana, Eric Cantor, na semana anterior ao encontro com o presidente. Perguntei se ele gostaria de se encontrar comigo na véspera da reunião do Jobs Council. Ele concordou. Minha mensagem para ele naquela reunião foi simples: no dia seguinte, nós lançaríamos um relatório delineando uma série de recomendações para promover o empreendedorismo e a criação de empregos. Nosso esforço, expliquei, era definitivamente bipartidário – na verdade, almejávamos que fosse apartidário. Encerrei fazendo-lhe um pedido simples: que lesse as recomendações antes de comentá-las.

No dia seguinte, apresentamos nossas recomendações, conforme o planejado. O presidente manifestou apoio público ao relatório, observando que, em tempos de grande desemprego, ambos os partidos precisavam trabalhar juntos para colocar a criação de vagas no topo da agenda nacional – e isso incluía, claro, apoiar empreendedores que gerassem empregos.

Pouco depois, encontrei-me com Cantor de novo para discutir as propostas. Ele estava interessado em várias delas e parecia aberto à ideia de que realmente pudéssemos construir uma coalizão bipartidária para obter a aprovação no Congresso. Foi muito encorajador.

Algumas semanas mais tarde, Cantor propôs a lei chamada Jumpstart Our Business Startups Act (ou Jobs Act, como foi inteligentemente apelidada). Boa parte dela baseava-se nas recomendações que havíamos feito ao presidente Obama. Cantor abraçara essas propostas e instara os dois partidos a transformá-las em lei. A Casa Branca emitiu uma declaração de apoio e ajudou a mediar a aprovação da legislação. Trabalhei próximo dos conselheiros da Casa Branca Gene Sperling, Jeff Zients e Valerie Jarrett no projeto. Havia conhecido e trabalhado com Gene anos antes, na época em que a AOL era parceira de Bill Clinton nas regulamentações iniciais da internet. (O presidente Clinton, apoiador da promessa da rede, distingue-se por ter sido o primeiro presidente a enviar um e-mail.) Por sua vez, Jeff era um amigo e colega empreendedor no distrito federal: tínhamos coinvestido em uma empresa e nossos filhos frequentavam a mesma escola. Essas relações anteriores trouxeram confiança à mesa, de modo que os participantes sentiram-se à vontade em relação a minhas ações e intenções. Eu não conhecia Valerie antes da eleição do presidente Obama, mas desenvolvemos um forte relacionamento ao longo dos anos de Casa Branca, trabalhando juntos em prol do empreendedorismo.

Além do suporte em Washington, precisávamos de apoios externos. Pessoas como Naval Ravikant, da AngelList, e a capitalista de risco Kate Mitchell usaram a internet para cultivar o entusiasmo do mercado em relação a nosso esforço. Com amplo apoio dos dois partidos, o Jobs Act passou na Câmara e no Senado. Quando o presidente Obama sancionou a lei em uma cerimônia no Rose Garden, em 5 de abril de 2012, eu estava logo atrás dele, ao lado de Cantor e de outros apoiadores de ambos os partidos.

Foi uma experiência auspiciosa. No meio do último período legislativo produtivo, nossa equipe conseguiu reunir as pessoas certas para traçar um projeto e transformá-lo em lei. Isso validou minha visão de que podíamos construir confiança entre partidos que guerreavam entre si. Conseguimos criar um espaço político no qual os legisladores não ficaram resignados à ideia de que o lado adversário estava levando vantagem. O projeto de lei não era perfeito e ninguém conseguiu tudo o que queria. Contudo, ele apontou um caminho viável para os novos negócios e a geração de empregos – algo que todo mundo concordou que deveria ser uma prioridade.

O episódio demonstrou que o comprometimento não precisa ser um anátema para políticos – algo que nós (e eles) costumamos esquecer com frequência.

UBER: EXCEÇÃO OU REGRA?

Quando converso com as pessoas sobre a terceira onda e a necessidade cada vez maior de estabelecer parcerias com o governo, quase sempre alguém faz alusão ao Uber. Afinal, a empresa não fez parceria e nem trabalha com o governo. Sua premissa baseia-se em "pedir desculpas, não permissão" (apesar de eu não ter certeza se eles já chegaram a pedir uma ou outra). E funcionou. Espetacularmente. Sem parcerias e sem consentimento, o Uber criou uma plataforma, convenceu motoristas, ignorou quem já estava estabelecido e despontou como sucesso da noite para o dia. Se funcionou para o Uber, por que não para os outros?

Eu diria que há vários motivos. Primeiro, o Uber de início lidou com governos locais – dezenas deles, depois centenas, cada um com diferentes regras e regulamentações, diferentes estruturas de poder e diferentes níveis de influência. Isso abriu para a empresa a oportunidade de utilizar a estratégia de "dividir para governar", lançando-se de cidade em cidade para criar massa crítica no mercado. Essa estratégia pode funcionar quando localizada. No entanto, assim que a expansão do Uber superou os limites do nível local, surgiram os problemas. Houve ações na justiça e desafios regulatórios em cerca de uma dúzia de estados norte-americanos. A empresa enfrentou proibições na Alemanha, na Holanda, em Bruxelas e na Tailândia, assim como em partes da Austrália, da Índia e da África do Sul. Teve de se retratar na Espanha e na Coreia do Sul, onde suspenderam suas operações em razão da incansável pressão do público.[8] Na França, os executivos do Uber foram presos em resposta a violentos protestos e condenados por operar uma companhia de táxi ilegal; pouco depois, a empresa eliminou seu serviço de baixo custo no país.

Mesmo assim, sua situação é incomum. O Uber enfrenta uma série de pequenas batalhas dando-se ao luxo de perder algumas, desde que possa continuar funcionando em uma ampla gama de cidades. Quando as batalhas ficarem maiores, terá todo um mercado criado. Seu capital inicial lhe permitiu lutar uma guerra em muitas frentes – no mercado, nos tribunais e nos gabinetes de governo em todo o mundo.

Além disso, o Uber tinha a capacidade de fornecer seu serviço, do início ao fim, sem assistência do poder público. Jamais precisou dele para nada, na verdade. Bastava apenas que o governo ficasse fora do caminho. Por fim, a empresa contava com o apoio do público ao enfrentar determinadas regulamentações, na medida em que surgiu para desafiar regras escritas, em primeiro lugar, para proteger as companhias de táxi estabelecidas, e não os consumidores. Ao utilizar esse poderoso argumento, ficou fácil contar com a adesão da opinião pública e gerar oposição a qualquer restrição regulatória.

Esse não será o caso para a maioria das startups da terceira onda. Lidar com uma empresa cuja finalidade é mudar a maneira como os cidadãos estacionam seus carros é uma coisa. Situação bem diferente ocorre quando surge um negócio disposto a revolucionar o modo como emprestamos dinheiro, ou prestamos serviços públicos, ou fornecemos energia eólica para as cidades, ou alimentamos nossas crianças nas escolas. Mudanças radicais como essas exigirão uma relação com o governo não como adversário, mas como parceiro.

BAY AREA X CINTURÃO

Conforme vamos ao encontro da terceira onda, uma das hostilidades que gostaria de ver encerrada é a que existe entre o Vale do Silício e Washington. Algumas das elites mais celebradas de São Francisco adotaram uma visão hiperliberal do papel do Estado, convencida de que o governo é um entrave para o progresso, um inimigo do empreendedorismo e um obstáculo à inovação. Um de seus mais famosos partidários, o capitalista de risco Peter Thiel, afirma: "Sou contra impostos confiscatórios, coletivos totalitários e a ideologia da inevitabilidade da morte de cada indivíduo". Assim pode ser resumida tal visão de mundo, seja lá qual for seu significado.

Pessoas como Thiel estão corretas quanto a várias coisas. O governo é lento. Frustrante. Disfuncional. Nosso processo legislativo está quebrado; nosso sistema regulatório, ultrapassado. A morosidade do ritmo de mudanças na administração pública prejudica os negócios. No entanto, o Vale do Silício erra ao ver o governo como inimigo. É um equívoco medir o poder público usando a mesma régua com que se mede a iniciativa privada. Ambos atuam em setores fundamentalmente diferentes, trabalhando com regras diferentes, executando missões diferentes. Os objetivos finais do governo, pelo menos nos Estados Unidos e na maioria dos países, são, em grande parte, nobres. Quando e onde o poder público pode ajudar, consegue fazê-lo em uma escala inalcançável por qualquer companhia privada ou organização sem fins lucrativos.

As elites do Vale do Silício também erram ao supor que os funcionários públicos são ingênuos e desinformados quanto às necessidades das corporações. Claro, alguns deles não entendem e, às vezes, nem sequer confiam nas empresas – e, sim, seria melhor se mais de nossos servidores e burocratas tivessem experiência em negócios e, em especial, vivência empreendedora. Mas tachá-los de ingênuos é demais. Eles atendem um público distinto – os eleitores – e têm motivações diferentes. Sua tarefa é obter o equilíbrio correto entre as demandas de negócio e as necessidades dos cidadãos.

Governar é um processo deliberadamente complexo, criado para ser colaborativo, mas também para impor consideráveis restrições. Por sua vez, os negócios não têm uma governança compartilhada. Um CEO toma a decisão de fazer algo e, em essência, leva a equipe de gestão a se alinhar e executar. O presidente de um país toma decisões executivas, porém não pode criar leis e autorizar novos gastos – a maioria das grandes decisões estratégicas deve ser tomada em colaboração com o Congresso. Se um conselho diretor e um CEO batem de frente, os conselheiros podem nomear um novo executivo para liderar a empresa. Em uma democracia madura, o Congresso não pode nomear um novo presidente, assim como o presidente não pode trocar o Congresso. E por acaso você já ouviu falar de um conselho corporativo se valer de obstruções em suas votações? Onde há uma interseção entre empresa e governo – ou pelo menos, onde deve haver – há um desafio missionário. Não é mais aceitável que a iniciativa privada enxergue o mundo apenas pelas lentes dos lucros, vendo pessoas como clientes. Há um dever patriótico de tornar nosso país mais forte, nossos cidadãos mais empoderados e o mundo melhor. Uma responsabilidade tanto do governo como das empresas.

11

OS ESTADOS UNIDOS PÓS--RUPTURA

Um dos pioneiros da indústria cinematográfica, o produtor Irving Thalberg, que produziu centenas de filmes para o estúdio MGM, construiu uma sólida reputação de workaholic. Marcava mais de um compromisso para o mesmo horário, perdia encontros, fazia pessoas importantes esperarem por horas antes de uma reunião. Era quase impossível entrar em contato com ele, o que resultava em gargalos em suas produções e muita frustração entre os colegas. Diz a lenda que, certa vez, os Irmãos Marx chegaram a uma reunião e souberam que Thalberg se atrasaria em meia hora. Aborrecidos na sala de espera, cada um dos comediantes acendeu dois charutos, soprando grossas baforadas pela soleira da porta do escritório do produtor. "É um incêndio?!", exclamou Thalberg, saindo intempestivamente porta afora. "Não", disse Groucho. "São os Irmãos Marx."

Com bastante frequência, hoje em dia parece que a única maneira de os empreendedores chamarem a atenção do governo é por meio da estratégia de Groucho: fazer fumaça, muita fumaça... e esperar que alguém pense que é incêndio.

Dentro dos propósitos deste livro, porém, não me interessa fazer fumaça. Já deixei claro que o governo vai desempenhar papel essencial na terceira onda e que tenho pouca paciência com quem desdenha desse papel. Mas não sou ingênuo. Entendo que, por mais importante que seja os empreendedores levarem o governo a sério, é ainda mais importante o contrário: o governo precisa levar os empreendedores a sério.

Devido à magnitude da terceira onda, sabemos que os benefícios para os consumidores norte-americanos podem ser imensos. O que ainda não sabemos é qual economia crescerá com os benefícios advindos dessa nova onda empreendedora. É verdade, claro, que os Estados Unidos passaram a melhor parte do século na posição de liderança global. No entanto, cada vez mais, essa confortável posição nos tem levado ao comodismo. Na terceira onda, é bem possível que os Estados Unidos sofram uma ruptura.

A profecia talvez soe exagerada, porém não é de hoje que outros países desafiam a prevalência norte-americana. Houve numerosas ocasiões em nossa história em que um grande setor produtivo, nascido nos Estados Unidos, acabou realocado em outro lugar. Em 2015, nenhuma das cinco maiores montadoras de veículos era norte-americana, e sequer uma empresa norte-americana fabricava telas de televisão. Ambos os setores industriais nasceram nos Estados Unidos. Temos certa tendência, ao que parece, de ceder oportunidades em vez de mantê-las. Se o mesmo valer durante a terceira onda, a transformação econômica mais significativa das duas próximas décadas pode representar a grande conquista de alguma outra nação.

O que os Estados Unidos podem fazer para evitar esse futuro? Como garantir que empresas da terceira onda escolham lançar raízes em solo norte-americano, encontrando o sucesso sem sair de casa? Acredito que há seis áreas nas quais o governo deveria se concentrar.

Não confundir startups com pequenas empresas

Sobretudo no que diz respeito à regulamentação, há uma diferença significativa entre startups e pequenas empresas. Ambas são cruciais para a economia dos Estados Unidos, mas quem se candidata a fundar uma "startup" está procurando fazer algo fundamentalmente diferente daquilo que almeja o dono de uma pequena empresa. Em geral, "startup" é um termo reservado para negócios capazes de crescer em escala com rapidez e revolucionar um setor existente. Startups costumam ser apoiadas por investidores de risco que enxergam um potencial de retorno de dez a cem vezes o capital aplicado. Pequenas empresas, por sua vez, tendem a ser financiadas de modo tradicional – emprestando dinheiro de um banco local, por exemplo – e seu objetivo é crescer gradativamente ao longo do tempo. Aspiram a um número estável de funcionários, clientes e receitas, por um período longo. A diferença entre os dois tipos de negócio se reflete tanto na natureza dos problemas enfrentados como nos efeitos que exercem sobre a economia, de maneira mais ampla. Na verdade, são as startups, e não as pequenas empresas, que respondem por quase toda a rede de novos empregos gerados nos Estados Unidos. O 1% de startups de melhor desempenho – companhias apelidadas de gazelas – responde por cerca de 40% da abertura de novos postos de trabalho por ano.

O quadro a seguir ajuda a ilustrar a importância das startups para a geração de empregos.

STARTUPS GERAM A MAIORIA DOS NOVOS EMPREGOS NOS ESTADOS UNIDOS

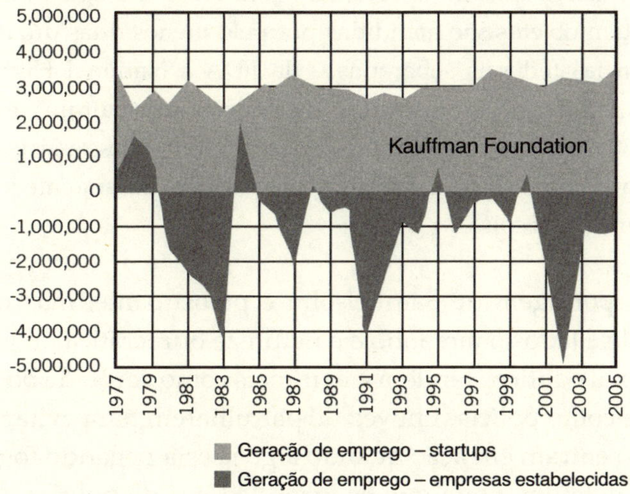

Fonte: Business Dynamics Statistics, Tim Kane.

A IMPORTÂNCIA DAS STARTUPS (EMPRESAS JOVENS DE ALTO CRESCIMENTO) NA GERAÇÃO DE EMPREGOS

Quando os políticos falam de geração de empregos, em geral colocam no mesmo barco pequenas empresas e startups, exigindo políticas mais direcionadas para as primeiras do que para as últimas. Deveria ser o oposto: se querem mesmo estimular a geração de empregos, os políticos têm de se empenhar para facilitar que cada vez mais startups encontrem o caminho do sucesso.

Encarar a terceira onda

Em 2015, o jornalista Darren Samuelsohn escreveu o artigo "What Washington Really Knows About the Internet of Things" ["O que Washington de fato sabe sobre a internet das coisas"]

para a revista *Politico*, no qual tentava determinar "quão bem o governo estava se saindo" em um setor que, segundo suas previsões, poderia vir a representar 10% da economia global.

Samuelsohn afirmou:

> O que descobri, de modo geral, é que o governo não tem um único mecanismo para lidar com a internet das coisas ou com os desafios que ela apresenta. As novas tecnologias que conectam objetos são atendidas por pelo menos duas dúzias de agências federais separadas – da FDA à National Highway Traffic Safety Administration, da aviação à agricultura – e mais de 30 diferentes comitês no Congresso. E os congressistas não criaram uma lei ou uma estratégia nacional abrangente para a internet das coisas.

A reportagem de Samuelsohn é preocupante, mas não surpreende. Dados o tamanho e a natureza burocrática do governo, os líderes políticos tendem a agir mais como corpo de bombeiros do que como polícia. Em vez de patrulharem para evitar problemas, só entram em ação quando algo já está pegando fogo.

No entanto, ainda que os formuladores de políticas ajustem seu foco para as questões certas, o esforço não será fácil. Como o empreendedorismo da terceira onda afeta muitos segmentos em todos os setores da economia, os problemas de jurisdição são acachapantes. O governo federal não foi criado para regulamentar questões relativas a tantos setores ao mesmo tempo. E, quando tenta fazer isso, o resultado com frequência é uma colcha de retalhos de regras inconsistentes, até contraditórias – um labirinto para os negócios que tentarem seguir a letra da lei.

Uma opção seria reduzir o gabinete de governo, que, no caso do norte-americano, hoje inclui 22 ministros, todos se reportando ao presidente. Não conheço nenhum CEO nos Estados Unidos com tantos diretores sob sua orientação. Governo e empresas não são a mesma coisa – em sentido algum –, mas essa é uma lição de gestão que o poder público ainda tem de aprender. Em 1971, o presidente Richard Nixon propôs reduzir o gabinete a sete ministérios, consolidando agências e oferecendo mais autoridade aos servidores que as administravam. Diferentemente de outras propostas de enxugamento da máquina pública, a meta não era reduzir o tamanho do governo federal, mas a ineficiência criada pela magnitude da estrutura. Haveria menos funcionários de gabinete, sim, porém eles teriam muito mais poder. O vice-presidente poderia até atuar como diretor de operações, administrando um esforço de coordenação do governo, de modo a liberar o presidente para funções mais estratégicas, como as de um CEO.

Ao mesmo tempo, deveríamos reformar o processo de referendo e veto do Senado, que é tão longo e tão abrangente a ponto de desencorajar a participação de algumas das pessoas mais talentosas, ainda que convocadas pelo presidente.

Em Washington, claro, algo tão sensível provavelmente seria considerado radical. Não se trata de uma mudança que pode ser realizada da noite para o dia. E, no intervalo de tempo para tal transformação acontecer, os negócios continuarão trombando com um governo ineficiente, o que desacelerará o ritmo da inovação e permitirá que as concorrentes recuperem terreno.

Como medida tapa-buraco, poderíamos pelo menos considerar uma solução provisória. No fim de 2014, um surto de ebola na África cresceu de incidente isolado para epidemia de proporções potencialmente globais. A população norte-americana começou a entrar em pânico quando o vírus chegou aos Estados Unidos, infectando pessoas que tinham viajado para a África Ocidental e a equipe médica responsável pelo tratamento dos primeiros doentes. O Congresso pediu ação imediata. O presidente Obama reconheceu a inquietação crescente e ficou preocupado com a velocidade da reação da máquina federal. Ele sabia que o esforço teria de ser coordenado por várias agências. Foi quando meu amigo e colega Ron Klain recebeu um telefonema.

Ron supervisiona nossas atividades de investimento na Revolution e também ajuda a oferecer orientação e apoio à Case Foundation. Cumpriu muitos papéis no governo, incluindo o de chefe de gabinete dos vice-presidentes Al Gore e Joe Biden. Ron é conhecido pela inteligência, habilidade de gestão, capacidade de resolver problemas e firmeza. Foi por isso que o presidente Obama pensou nele como a escolha perfeita para ser o czar do ebola. Havia agências demais trabalhando em aspectos diferentes da crise, e isso significava muitos esforços descoordenados. O presidente precisava de uma única pessoa se reportando a ele, alguém a quem todas as agências se reportassem, uma figura com autoridade para trabalhar em todos os aspectos do governo federal, a fim de delinear uma estratégia e executá-la com competência.

Precisamos de um personagem com o mesmo perfil para a terceira onda. Não podemos nos dar ao luxo de ver uma enorme oportunidade econômica ser asfixiada por um governo lento e fragmentado demais para reagir a tempo. Precisamos de uma única pessoa no Executivo com autoridade para trabalhar transversalmente à miríade de agências públicas e acima delas, alguém capaz de implementar uma estratégia clara e gerir sua execução no dia a dia de toda a administração federal. Precisamos, acredito, de um czar da terceira onda.

Creio que essa seja só uma solução temporária, uma vez que a real necessidade é reorganizar todo o Executivo. Muitos presidentes tentaram, mas o Congresso sempre bloqueia as mudanças, em parte por interesse próprio, dado o temor de perder autoridade sobre setores que oferecem a seus membros generosas contribuições nas campanhas eleitorais. A figura de um czar, contudo, é apenas um paliativo, não uma cura de longo prazo. Em um mundo que muda tão rápido, somente um governo ágil e estratégico pode manter os Estados Unidos nos trilhos.

Investir mais em pesquisa e desenvolvimento

Daqui a 30 anos, é pouco provável que o país veja o Google (no futuro talvez conhecido pelo nome da holding Alphabet) como nossa organização mais inspiradora, inovadora e ambiciosa. O troféu que hoje o Google ostenta pertencerá a uma empresa nova, bem mais jovem. E, como o Google, essa pujante companhia terá feito seu nome por meio de uma tecnologia desenvolvida, nos estágios iniciais, com a ajuda de investimentos estatais em pesquisa e desenvolvimento – desde que, claro, comecemos a fazer esses investimentos imprescindíveis a partir de agora.

Não é uma suposição fácil de fazer. Deveríamos nos sentir constrangidos diante dos parcos recursos que temos destinado a tecnologias de ponta. Em 2015, o investimento federal em P&D somaram 0,69% do PIB – o menor nível desde os anos 1950. E temos cortado as verbas constantemente ao longo dos últimos 25 anos, ainda que a área de P&D apoiada pelo governo continue a provar seu valor. Não é de surpreender a defasagem dos Estados Unidos em relação à China e à Alemanha no quesito de exportações de alta tecnologia – Singapura e Coreia do Sul vêm logo atrás.[1]

A escassez de investimentos podou programas e instituições que estiveram entre as plataformas de lançamento mais decisivas para a inovação. O National Institutes of Health (NIH), por exemplo, tem uma trajetória de sucesso no campo da pesquisa médica. Em 2014, contudo, seu orçamento era 25% menor do que havia uma década. No passado, o NIH financiava uma em cada três propostas de pesquisa recebidas. Em 2014, só conseguia financiar uma em seis.[2]

Nasa, National Science Foundation, Centers for Disease Control and Prevention e os departamentos de Defesa e Energia estavam entre os mais importantes centros de P&D bancados pelo governo a sofrer cortes de orçamento significativos.[3] Cinquenta por cento dos cientistas e pesquisadores que recebem algum tipo de financiamento federal foram forçados a enxugar suas equipes. Alguns começaram a pensar em se mudar para o exterior, em busca de fontes mais estáveis de recursos.

No campo da pesquisa biomédica, o investimento federal caiu ano a ano desde 2003.[4] De 2007 a 2012, a participação dos Estados Unidos no total global da pesquisa na área caiu 9%, enquanto os níveis de investimento na Ásia-Pacífico aumentaram 51% no mesmo período. E os novos empregos e empresas do setor estão seguindo o dinheiro.[5]

Os cortes de orçamento podem ter sido feitos em razão de déficits presentes, mas diminuir o investimento em P&D é garantia de déficits futuros. Segundo o economista e vencedor do

Prêmio Nobel Robert Solow, mais da metade do crescimento do PIB dos Estados Unidos nos últimos 50 anos se deve a avanços científicos. Mesmo assim, temos esvaziado nossa capacidade de garantir pesquisa de ponta que dê origem a tecnologias disruptivas. Ao reduzir o comprometimento do país com a pesquisa, diminuímos nosso potencial econômico de longo prazo e nossas chances de criar as grandes inovações do amanhã.

Facilitar o acesso de startups a financiamentos

Todos os dias, norte-americanos têm grandes ideias que poderiam ser transformadas em negócios. Poucos seguem adiante. Uma das maiores dificuldades de começar um empreendimento é encontrar capital. Para quem não tem uma boa rede de contatos, é difícil o acesso a investidores: correr atrás do dinheiro demanda tanto esforço, que muitos desistem do que poderia vir a ser um negócio bem-sucedido. Não precisa ser assim. Na era da internet, conectar ideias e investidores tende a se tornar um processo muito mais fácil – e o governo federal pode simplificá-lo ainda mais.

O Congresso e a Casa Branca deram um grande passo quando aprovaram o Jobs Act, que, entre outras coisas, legalizou o crowdfunding baseado em participação acionária. Antes dessa lei, as pessoas só podiam investir em uma startup se fossem "acreditadas" pela Securities and Exchange Commission (SEC), a qual exigia patrimônio líquido de mais de US$ 1 milhão ou receita anual de pelo menos US$ 200 mil. E, se uma empresa possuísse mais de 50 acionistas, tinha de ser registrada na SEC.

Essas regras desencadeavam dois efeitos negativos sobre a economia. Primeiro, mantinham bilhões de dólares fora do sistema, um dinheiro precioso que poderia financiar a criação de empresas e empregos, com consequente liberação de valor. Segundo, ao determinar que só pessoas afluentes podiam investir em startups, o sistema de investidores acreditados apenas exacerbava a desigualdade de renda. Aos ricos era dada a chance de ficarem mais ricos, pois somente investidores acreditados tinham a oportunidade de investir em startups que poderiam se tornar o próximo Facebook.

Esse sistema passou por modificações importantes com o Jobs Act. Depois de sua aprovação, porém, a SEC levou mais de três anos para criar as regras para implementar a lei. O produto final foi um conjunto de normas que ainda são um fardo (mesmo que mais leve) para empresas jovens e que certamente exigirão ajustes ao longo do tempo. Entendo a necessidade de uma abordagem cuidadosa dessas regras. No entanto, esse tipo de atraso é a antítese da velocidade que as startups exigem.

Uma vez afinadas, as regras da SEC vão contribuir para, mas não garantir, que o capital seja acessível a qualquer startup que valha a pena. E há outras abordagens, a ser examinadas pelo Congresso, que podem aumentar o fluxo de recursos para startups. Incentivos fiscais, como reduzir impostos sobre os ganhos de capital resultantes de determinados investimentos em startups, seriam muito bem-vindos para empreendimentos novos. Qualquer debate sobre reforma tributária deve incluir essas considerações. Vale a pena encorajar investimentos de longo prazo que criem empregos e orientem o crescimento econômico.

Facilitar a contratação de talentos de ponta

Muitos consideram a reforma da imigração um tema "intocável" para os políticos norte-americanos. Quem toca morre (pelo menos em termos de futuro eleitoral). Entretanto, no setor empreendedor, não há essa controvérsia. O que existe é o reconhecimento de que estamos no meio de uma batalha global por talentos.

São muitos os imigrantes com boas ideias. Eles vêm da Ásia, África, Europa e Oriente Médio. Segundo um estudo de 2012 da Kauffman Foundation, cerca de uma em cada quatro empresas de tecnologia estabelecidas entre 2006 e 2012 tinha pelo menos um fundador nascido em outro país. No Vale do Silício, cerca de metade era de origem estrangeira.[6] Como observei quando depus ao comitê judiciário do Senado em defesa da reforma migratória, só esses negócios representaram US$ 52 bilhões em receitas apenas em 2005.[7]

Elon Musk, fundador da Tesla, migrou da África do Sul para o Canadá e do Canadá para os Estados Unidos. Sergey Brin, cofundador do Google, voou da União Soviética com sua família e chegou ao país com 6 anos de idade. Como afirmou o *The New York Times*, "não fosse pela Hebrew Immigrant Aid Society, talvez o Google não existisse".[8]

Apesar de mais e mais imigrantes rumarem para os Estados Unidos, a incerteza e a insegurança geradas por leis migratórias ultrapassadas e inadequadas restringiram a capacidade do país de concorrer pelos melhores talentos. A porcentagem de empresas fundadas por estrangeiros caiu mais de 16% desde 2005,[9] e praticamente qualquer empreendedor de startup pode testemunhar que pesadelo é obter o green card para um funcionário valioso. Futuros cientistas e engenheiros brilhantes ainda escolhem universidades norte-americanas para estudar, mas, com muita frequência, depois voltam para casa com suas ideias empreendedoras, dada a dificuldade em estabelecer residência em solo norte-americano.

Não é que os estrangeiros tenham desistido do país. O fato é que eles vêm sendo rejeitados pelos Estados Unidos, o que os induz a tentar abrir um negócio em outro lugar, seja na terra de origem, seja em uma nação mais hospitaleira. Kunal Bahl, graduado em Wharton, cofundou a Snapdeal, mas foi forçado a se realocar por não conseguir o visto para permanecer nos Estados Unidos. Em 2015, a Snapdeal valia US$ 5 bilhões e empregava mais de 5 mil pessoas – na Índia.

Esses empregos, e a riqueza gerada, teriam permanecido nos Estados Unidos se o país possuísse um sistema de imigração mais flexível. Não faz sentido convidar estudantes para que venham para cá, treiná-los para criar valor econômico e, depois, simplesmente despachá-los de volta.

Os Estados Unidos se tornaram a nação mais inovadora e empreendedora porque, ao longo de sua história, portou-se como uma nação amiga dos imigrantes. Conforme se dificultaram a acolhida e a permanência de estrangeiros, houve evasão de talentos para outros países.

Para o setor de tecnologia, o cerne do debate sobre imigração está na reforma do programa de vistos H-1B, que oferece estadia temporária a trabalhadores estrangeiros empregados em áreas especializadas. O grupo de detentores do H-1B, com frequência, é uma ótima fonte de cérebros para as empresas de tecnologia. No entanto, apenas 85 mil vistos H-1B são oferecidos anualmente, com 20 mil deles reservados para proponentes com mestrado. A demanda é muito maior – o serviço federal de imigração recebeu mais de 172 mil pedidos em 2014.[10] Aumentar o número de empreendedores e engenheiros detentores de um visto H-1B seria uma dádiva para os negócios do país.

Mesmo assim, como James Surowiecki escreveu na revista *The New Yorker* em agosto de 2012, "em 1990, a quantidade de vistos permanentes baseados em emprego culminou em 140 mil por ano. Surpreendentemente, esse número não mudou, apesar de a economia norte-americana ser agora 66% maior e de, com a ascensão da Índia e da China, a oferta de talentos globais ter crescido agudamente".[11]

Precisamos criar uma espécie de Startup Visa, um programa especial que abra as portas para empreendedores estrangeiros com projetos comprovados de startups a ser cultivadas em solo norte-americano. Se forem bem-sucedidos e quiserem ficar, que se dê a eles a cidadania. Reformar o sistema de vistos H-1B é importante para grandes empresas de tecnologia, mas o Startup Visa seria mais consequente. Já conversamos muito sobre a ideia de atrelar o green card a diplomas de graduação – agora é hora de aprovar a legislação para tornar isso uma realidade.

Os Estados Unidos só continuarão a ser a nação mais inovadora e empreendedora se atuarem como ímã para os melhores e mais brilhantes talentos do mundo. Imigração não é um problema a resolver; é uma oportunidade a explorar.

Escrever novas regras para uma nova era

O que vimos na primeira e, em certa medida, na segunda onda da internet está se repetindo na terceira: a economia muda muito mais rápido do que as regras que a governam. O sistema que hoje regulamenta os negócios está preso às noções do século 20 de funcionamento da economia norte-americana, e algumas delas não fazem mais sentido.

Empresas como Uber e Instacart (serviço de entregas de alimentos sob demanda), baseadas em indivíduos que trabalham por tarefa, estão nos levando a repensar o conceito de emprego e o significado de ser trabalhador. Essas organizações dão às pessoas a flexibilidade de organizar o próprio horário conforme a conveniência individual e a capacidade de obter uma boa renda pela jornada de trabalho. Essa nova abordagem também traz problemas – por exemplo, há a desconfiança de que a extinção do contrato de trabalho faça desaparecer também garantias arduamente conquistadas pelos trabalhadores. Em termos mais específicos, conforme mais e mais setores forem "uberizados", como a classe média poderá manter direitos como afastamento por doença, férias e seguro-desemprego? Quem vai contribuir para seus planos de aposentadoria?

Todas essas questões estão emergindo porque o sistema legal de empregos dos Estados Unidos não foi criado para uma economia de freelancers. Ao contrário, foi escrito sob a égide do New Deal, que dividiu os trabalhadores em duas categorias: empregados em tempo integral e autônomos. Funcionou por décadas, mas não funciona mais. Grande parte da força de trabalho das startups é agora composta de pessoas que trabalham apenas algumas horas por semana.

Há um ponto de equilíbrio possível entre o status de emprego integral, que geralmente confere benefícios e estabilidade, e a condição de autônomo, que oferece flexibilidade e mobilidade. Preservar os direitos dos trabalhadores e permitir o crescimento econômico não têm de ser objetivos mutuamente excludentes – mas serão, se nos aferrarmos a antigas definições de emprego. Como colocou o senador Mark Warner no *Washington Post*, "em vez de tentar fazer a nova economia se parecer mais com a antiga, Washington deveria encorajar essas inovações e se empenhar para criar mais oportunidades e mobilidade econômica ascendente para todos". Cabe ao governo assumir um papel ativo em estabelecer um compromisso justo que nos permita fazer exatamente isso. Haveria benefícios não só para as empresas em questão, mas para os trabalhadores de baixa e média rendas. Se o governo criasse uma nova designação de emprego que enquadrasse o trabalho sob demanda e garantisse direitos básicos ao trabalhador, poderia abrir um belo caminho para a mobilidade socioeconômica.

Isso para não dizer que escalar a pirâmide socioeconômica se tornaria mais fácil. Hoje, as coisas não são nada simples para as pessoas que no futuro estarão em posição de tirar proveito de uma economia freelance. Trabalhadores sem especialização têm poucas opções de ascender e, de modo geral, é difícil que disponham de tempo e recursos para avançar nos estudos. Há quem consiga fazer isso enquanto dá duro em empregos muito malremunerados, mas trata-se praticamente de super-humanos – ninguém deveria passar por isso para ter uma boa vida nos Estados Unidos.

O TEMPO NÃO ESTÁ DO NOSSO LADO

Outros países não têm as mesmas preocupações. Eles assistiram aos Estados Unidos crescerem e prosperarem, estudaram seus métodos e, agora, vêm tentando alcançar as próprias metas. Em todo o mundo, as nações trabalham para replicar as condições necessárias a um ambiente empresarial vibrante. Encorajam o empreendedorismo, bolam meios de facilitar a abertura e melhorar a gestão de negócios, aumentam o acesso ao capital e estabelecem as redes de apoio necessárias para ajudar seus empreendedores cidadãos na busca do sucesso.

Em 2013, o Canadá lançou seu programa Startup Visa, oferecendo residência permanente a empreendedores dispostos a montar uma empresa ou realocar um negócio existente em território canadense. Como afirmou Jason Kenney, ministro do Trabalho, "estamos buscando deliberadamente nos beneficiar do sistema de imigração disfuncional norte-americano. Digo isso sem papas na língua".[12] No Chile, o governo lançou um importante programa de aceleração intitulado Startup Chile, em 2010. O objetivo era criar o próprio "Vale do Silício" local, que poderia impulsionar ainda mais uma das economias que mais cresciam na América Latina. A Europa também está acordando para abraçar o imperativo empreendedor. Cidades como Londres, Helsinque, Estocolmo e Berlim vêm se tornando comunidades de startups. Londres ultrapassou São Francisco e Nova York como a maior cidade do mundo para crowdfunding em 2013. E o governo britânico tenta modificar seu ambiente regulatório para posicionar o Reino Unido como capital financeiro-tecnológica do mundo.

A Coreia do Sul, enquanto isso, trabalha para se livrar do estigma associado ao fracasso – um medo que toda nação empreendedora deve vencer – por meio do investimento de US$ 2,9 bilhões em startups. E a China quer aumentar seu conjunto de trabalhadores qualificados para mais de 180 milhões de profissionais até o fim da década.[13] Ao fazer isso, espera reverter a tendência de os cidadãos chineses deixarem o país para estudar em universidades de ponta e fixar residência no exterior, contribuindo para o avanço de outras economias, incluindo os Estados Unidos.

Também vemos setores emergentes de startups no Oriente Médio e na África, criando um mundo mais estável e novas concorrentes, tudo ao mesmo tempo. Israel é amplamente saudado como eminente "nação startup" e faz enormes investimentos em tecnologia básica. Na Cisjordânia, estão surgindo fundos de capital de risco para financiar empreendedores, os quais podem gerar empregos, abrir oportunidades e espalhar esperança na região. (Tenho orgulho de dizer que a Case Foundation foi uma catalisadora para a criação de um desses fundos, quando minha esposa, Jean, atuou como codiretora da parceria Estados Unidos-Palestina, na gestão do presidente George W. Bush.)

Na África, Nigéria e Quênia em particular vêm emergindo como viveiros da inovação empreendedora. E temos visto uma cultura empreendedora florescer em Cuba. Depois de meio século amarrados pelo socialismo, os cubanos estão se preparando para uma revolução da inovação. Pequenos negócios, há muito tempo banidos, agora são permitidos, e alguns deles podem, ao longo do tempo, se tornar grandes empresas.

Essas regiões e nações dão passos à frente, enquanto os Estados Unidos caminham de lado em certas áreas e, definitivamente, andam para trás em outras. E as ferramentas que estiveram disponíveis por muito tempo só para empreendedores norte-americanos estão cada vez mais ao alcance de empreendedores do mundo todo.

Para qualquer lado que você olhe – da Austrália[14] à Zâmbia[15] –, os governos vêm trabalhando com o setor privado para otimizar um movimento em prol das startups. Reconhecidamente, essas não são ameaças iminentes. Lagos não vai ultrapassar o Vale do Silício nos próximos seis meses ou nos próximos seis anos, tampouco Santiago, São Paulo ou Seul. Isso, porém, não significa que os Estados Unidos devem se contentar com sua posição atual, nem acharem que não precisamos melhorar. A perda da sanha empreendedora não se revela quando nos comparamos com outros países, e sim quando cotejamos nossas ações atuais com nosso potencial.

A economia norte-americana é um ecossistema empreendedor. Para crescer, temos de apoiar o crescimento. Precisamos de novas ideias oriundas de nossos laboratórios de P&D, as quais possam ser adaptadas para a comercialização por empreendedores que disponham de plataformas de negócio apropriadas para o crescimento em escala. E então devemos fazer tudo isso de novo, e de novo. É essa dinâmica que cria os empregos e a atividade econômica que vão manter o país na ponta de lança. Se qualquer um desses elementos deixa de contribuir, o sistema quebra. O fracasso do governo norte-americano em apoiar a comunidade empreendedora já está custando inúmeros empregos e crescimento econômico.

Os Estados Unidos lideraram a primeira e a segunda ondas da internet. Podemos – e devemos – liderar também a terceira onda. Se tomarmos as medidas corretas, e rápido, um futuro brilhante estará garantido. Do contrário, o mundo não mais nos olhará como fonte de inovação radical. Então, teremos de correr atrás, tentando emular os avanços alheios, em vez de apresentar as ideias que os outros têm de se empenhar para copiar.

Se isso acontecer, não será o fim dos Estados Unidos, mas provavelmente será o fim da liderança norte-americana. Estamos trabalhando para evitar esse futuro.

12

SURFE A ONDA

Em junho de 1983, eu me vi em uma encruzilhada. Tinha 24 anos e passara um ano trabalhando na Pizza Hut. Ao mesmo tempo em que viajava pelo país e me empanturrava de comida, o emprego começava a ficar cansativo. Naquele verão, fiz uma lista de prós e contras. Incluí várias opções de carreira – em uma companhia sólida, em uma startup e até em uma firma de consultoria – e assinalei os pontos fortes e fracos de cada uma.

As primeiras da lista eram empresas sólidas de tecnologia, como a Apple e a Atari. Vagas em marketing nessas companhias ofereceriam o atalho tecnológico que eu buscava, porém grandes corporações são sinônimo de burocracia e políticas internas. Havia alguns prós nesse tipo de carreira, mas também muitos contras.

Ao considerar a possibilidade de trabalhar em uma firma de consultoria de marketing em São Francisco, notei que, apesar de ser divertido trabalhar no Vale do Silício, tinha anotado três senões: "trabalho enfadonho", "difícil de engolir" e "não gosto de consultoria". Então, passei para o próximo item.

Havia a CVC (Control Video Corporation), a startup pela qual acabei optando. Eu via muitos prós ali: uma ideia interessante, uma tecnologia promissora, uma oportunidade de causar grande impacto em um mercado crescente e, o melhor de tudo, a chance de trabalhar e aprender com o empreendedor Bill von Meister. Eu listara apenas um contra: "futuro incerto".

Tudo a respeito daquele cargo na CVC era incerto, de minha futura função na empresa ao futuro da empresa em si. É claro, você conhece o final da história, mas na época isso era muito preocupante. De certa maneira, porém, aquela incerteza era muito mais um pró do que um contra. Obviamente, um amanhã obscuro significava que eu talvez tivesse de voltar a procurar emprego em poucos meses. No entanto, também representava a oportunidade de traçar meu próprio destino – uma chance, como aconteceu, de ser responsável pela inclusão da internet no dia a dia das pessoas.

Sempre me lembro da famosa propaganda que Ernest Shackleton publicou nos jornais antes de tentar explorar a

Antártica: "Procuram-se homens para viagem perigosa. Salários baixos. Frio. Longos meses de completa escuridão. Perigo constante. Duvidoso retorno em segurança. Honra e reconhecimento em caso de sucesso".[1] Essa é a beleza do empreendedorismo, e foi isso que me atraiu na CVC.

A conclusão é que, quando eu tinha 24 anos, não fazia ideia de aonde minha "perigosa jornada" me levaria. Não sabia se minhas opções valiam o papel no qual haviam sido escritas. Tudo o que sabia era que na incerteza repousam desafios imensos – e oportunidades grandiosas. Existia uma fronteira eletrônica sem limites a ser explorada, uma Antártica online cheia de riscos e possibilidades. E eu sentia que tinha de participar do mapeamento daquele futuro desconhecido.

Quando penso em como o mundo será daqui a 30 anos e tento antecipar os problemas que precisaremos resolver – sem falar dos problemas que enfrentamos hoje –, vejo outro futuro incerto. Contudo, também acredito que, no meu caso, essa incerteza não é uma desvantagem. Mais uma vez, trata-se de um pró disfarçado de contra. Mais uma vez, trata-se da oportunidade – e, acredito, da obrigação – de tomarmos um novo rumo. Agora só temos de pensar no que todos nós – empreendedores, líderes de empresas, servidores públicos e cidadãos comuns que têm boas ideias – podemos e devemos fazer para chegar lá.

MINHAS PRINCIPAIS CONCLUSÕES

Se você decidir apenas folhear este livro ou ir direto para o fim, não me ofenderei, contanto que leia este tópico. Aqui estão os pontos dos quais você precisará se lembrar, seja você um empreendedor em ascensão, seja um executivo de empresa, seja um leitor casual.

A terceira onda da internet está chegando, o momento em que a internet se transformará de uma coisa com a qual interagimos em algo que interage com tudo ao nosso redor. É a ascensão da internet de tudo, em que tudo o que fazemos será facilitado por uma conexão, bem semelhante ao que a eletricidade já viabiliza. Esse processo levará à transformação de alguns setores vitais para nosso dia a dia, o que aumentará as barreiras ao sucesso e tornará essencial estabelecer parcerias como forma de construir credibilidade, abrir portas e driblar os *gatekeepers*.

Um parceiro potencial será o governo, que no caso do norte-americano já se interessa em regulamentar os setores mais afetados pela terceira onda. Não confunda sua posição política com o papel do Estado, que pode tanto impedir o progresso como impulsioná-lo – portanto, não pode ser ignorado. Grande parte da inovação da terceira onda virá de empreendedores de alto impacto focados em construir empresas de "lucro com propósito", que causem impacto mensurável no mundo. E essa inovação será geograficamente dispersa, conforme o restante dos EUA (e do globo) ascender para complementar a ampla inovação que hoje ocorre em alguns locais específicos, como o Vale do Silício. Os desafios da terceira onda serão complicados, mas, como lembra Thomas Edison, "visão sem execução é alucinação". Se nos mobilizarmos para executar nossa visão com precisão, os Estados Unidos continuarão a ser a nação mais inovadora e empreendedora do mundo.

Em suma, é essa minha tese. Pense nela como um guia de estudos da terceira onda. Antes de terminar, porém, quero compartilhar algumas reflexões.

UMA MENSAGEM PARA OS EMPREENDEDORES

Em praticamente todo filme-catástrofe – como *Independence Day*, *Guerra Mundial Z* ou *Godzilla* –, há um momento em que um personagem olha para o protagonista e diz algo como: "O destino de nosso planeta está em suas mãos". O herói sempre engole em seco, fica aterrorizado e, então, parte para explodir o asteroide antes que ele colida com a Terra ou para derrotar aliens violentos antes que dominem Nova York.

Felizmente, pelo que eu saiba, não há previsão de asteroide caindo sobre o planeta. No entanto, sejamos honestos: na segunda década do século 21, enfrentamos nossa própria cota de grandes obstáculos.

Aos que se consideram empreendedores: os EUA (e o mundo) dependem de vocês. Nosso futuro de ascensão ou queda dependerá de sonhadores e realizadores, de criadores de novas tecnologias e de destruidores de antigas ortodoxias.

Então, vamos elevar nossa ambição. Vamos nos preocupar um pouco menos com o patrimônio líquido e um pouco mais com o impacto líquido. Discordo do que declarou um executivo anônimo da Apple em um artigo de 2013 para a *New Yorker*: "Nós não temos a obrigação de resolver os problemas dos Estados Unidos. Nossa única obrigação é fazer o melhor produto possível".[2] Empreendedores têm, sim, a responsabilidade de fazer mais do que aparelhos modernos e aplicativos populares. Não que esses produtos não sejam importantes, mas, em um momento em que soluções inteligentes andam escassas, o recurso mais valioso – os infinitos neurônios em ebulição no cérebro de nossos gênios – precisa estar voltado para a solução de nossos maiores desafios.

Nosso sistema de saúde está doente; produz resultados medíocres a altos custos e baixos níveis de conveniência. A tecnologia da inovação e as startups genômicas estão preparadas para reverter essa tendência e reforçam o potencial de que podemos nos concentrar mais no bem-estar, melhorar os resultados, reduzir custos e aumentar o conforto.

Há também inovações em educação que intensificam o poder da internet no sentido de expandir o acesso ao aprendizado. Startups de educação e tecnologia emergentes têm a capacidade de democratizar o aprendizado, personalizá-lo para cada estudante e oferecer mais ensino, com mais conforto e menor custo. Não é futurismo sem nexo: está acontecendo em um número crescente de escolas, e precisamos definir as melhores abordagens para que isso se dissemine nacionalmente.

Está em curso uma destruição sem precedentes de serviços financeiros, conforme novas plataformas de empréstimo e investimento emergem à margem do sistema bancário tradicional. O transporte vem sendo reinventado, enquanto carros autoguiados começam a migrar da ficção científica para a realidade. Tudo – da energia aos seguros, da agricultura à manufatura – está em transformação. Na terceira onda, haverá oportunidades para inovar em todos os setores, afetando nossa vida. Então, pense em como você pode, por meio de novas formas, acabar com velhos e muitas vezes incontornáveis problemas.

E lembre-se disso: a internet de tudo mexerá com cada aspecto de nossa vida de maneira crescente e contínua. Use essa ferramenta a seu favor.

Lembre-se de que as empresas vão tentar suprir necessidades fundamentais da sociedade e enfrentar mudanças em grande escala – e que muitas delas estarão preocupadas com impacto e propósito, não só com lucro.

Lembre-se de que o empreendedorismo vai se regionalizar enquanto se globaliza, de modo que você pode iniciar essa aventura em seu próprio quintal.

Lembre-se de que empreendedores solo serão substituídos por orquestras inteiras tocando melodias mais fortes, com mais credibilidade, e que, se você quer chegar longe na terceira onda, precisa ter companhia.

Lembre-se de que os setores que importam para as pessoas são regulamentados pelo governo e, por isso, os grandes avanços da terceira onda exigirão respeito pela política.

Por fim, lembre-se de que a terceira onda será revolucionária, mas também evolucionária – ou seja, será mais lenta do que você gostaria, porém mais profunda do que jamais imaginou.

Seja qual for sua escolha, espero que você busque ideias disruptivas que agreguem valor não só a sua empresa, mas a seu país e ao mundo. Afinal, o velho clichê está correto: a Idade da Pedra não acabou porque ficamos sem pedras; acabou porque inventamos algo melhor.

UMA MENSAGEM PARA OS LÍDERES CORPORATIVOS

Para os líderes corporativos, é hora de desenvolver um senso de paranoia e curiosidade. É hora tanto de temer o futuro como de aproveitar sua promessa. É hora de guiar de maneira incansável o futuro na tentativa de dominá-lo, independentemente do que ele reserva. Não importa aonde você e sua empresa chegarão ao final do dia; sempre há a possibilidade de acordar na manhã seguinte e perceber que as coisas mudaram muito. Você precisa se esforçar para antecipar *como* elas mudam.

Fique atento à tecnologia e reflita sobre o que o ritmo de seu desenvolvimento pode implicar para os negócios. Faça um inventário das tendências. Resista à tentação de rejeitar tecnologias promissoras.

Capacite sua equipe a fazer perguntas e, quando não houver respostas, trate de criá-las. Dê às pessoas espaço para inovar e experimentar. Dê mais "chutes a gol". Permita que mais ideias malucas borbulhem, porque as melhores delas muitas vezes soam ridículas quando propostas pela primeira vez. Com certeza, executivos do Marriot e do Hilton achariam insana a ideia de alugar um colchão de ar no canto da sala de um apartamento habitado. No entanto, em 2015, sete anos após sua criação, o Airbnb foi avaliado em US$ 25 bilhões, valendo mais do que as duas famosas redes de hotéis, ambas existentes há mais de 50 anos. Não tem a ver só com a avaliação; tem a ver com mudanças repentinas na dinâmica do mercado. Como afirma o senador Marco Rubio, o Airbnb é hoje o maior provedor de hospedagem, mesmo sem ter um único quarto de hotel. De modo semelhante, o Uber é a maior empresa de transportes, ainda que não possua um veículo sequer. Nenhuma das duas empresas existia dez anos atrás.

Lembre-se de que a ruptura ampliou-se. Seus concorrentes não vão aparecer apenas na porta de entrada de seu setor; cada vez mais, virão também de outros setores. A Apple não estava no mercado da música nem o Google estava no mercado telefônico – até, de repente, estarem. Portanto, construa uma rede em sua empresa e ao redor dela – e busque oportunidades em todas as direções possíveis.

O futuro pertence àqueles que se esforçam para criá-lo. É por isso que fazemos negócios – porque temos uma visão de futuro e do que queremos ver. Assim, não se deixe cegar pelo sucesso temporário e mantenha o foco permanente em suas futuras ambições.

Você tem os recursos – humanos, financeiros e muitos outros – para dar continuidade a projetos ousados. Por isso, tem de decidir: é melhor usar esses recursos para resistir à mudança ou para guiá-la?

E lembre-se: na terceira onda, parcerias serão ainda mais importantes. Você terá mais oportunidades na próxima década do que teve na anterior. Não fique na defensiva. Ataque. E não faça isso sozinho. Como disse Helen Keller, "sozinhos fazemos pouco; juntos fazemos muito".

UMA MENSAGEM PARA O GOVERNO

Se os empreendedores têm a responsabilidade de devotar seus talentos para causar um impacto duradouro e positivo na sociedade, então o governo tem a obrigação igualmente importante de encorajar o empreendedorismo e pavimentar a pista para decolagem das novas ideias. O poder público desempenha papel essencial na capacitação de startups bem-sucedidas.

Esse é um sentimento que expressamos repetidamente, de ambos os lados. No entanto, embora os políticos amem falar da importância de encorajar o empreendedorismo, o discurso em geral soa falso. Se os representantes eleitos realmente querem apoiar os próximos Jobs, Zuckerbergs e Musks, devem substituir as banalidades por políticas.

Temos de reduzir a pressão regulatória sobre os empreendedores, enquanto forjamos uma nova trajetória em direção a novos setores. Precisamos apoiar as regiões da ascensão do restante para disseminar a economia de inovação por todos os Estados Unidos. Devemos assegurar condições equitativas para que cada empreendedor com uma boa ideia tenha a chance de obter capital. Temos de reimaginar – e reestruturar – o governo para que ele se adapte à terceira onda. Precisamos reformar o sistema de imigração para vencer a batalha global por talentos. Sabemos o que é necessário fazer – falta apenas nos unirmos de maneira apartidária para que os Estados Unidos continuem a ser a nação mais inovadora e empreendedora do mundo.

UMA MENSAGEM PARA TODOS

Isso só acontecerá se todos – legisladores, empreendedores e representantes eleitos – superarem suas diferenças e incompatibilidades, trabalhando juntos. Durante a Guerra Fria, a

Casa Branca e o Kremlin criaram o famoso "telefone vermelho" para que entrassem em contato caso ocorresse algum desentendimento sério. Agora, no século 21, necessitamos de uma linha direta semelhante, como um "iPhone vermelho", entre Washington e o Vale do Silício. Essa linha deve ficar permanentemente aberta.

Está claro para mim que o relacionamento entre essas partes apresenta uma profunda desconexão, que precisamos superar. Os engenheiros têm de entender o Congresso, e vice-versa. E ambos devem melhorar, não para que se ouçam mutuamente, mas para que atuem no sentido de prestar apoio recíproco.

Acima de tudo, precisamos nos lembrar de que, fundamentalmente, empresas e governo almejam a mesma coisa: agregar valor à vida das pessoas. Seja por meio de um produto engenhoso ou de um programa social transformador, seja por uma inovação revolucionária ou por uma ação legal positiva, tanto os CEOs como os membros do Congresso querem tornar nossa vida mais segura, fácil, feliz e produtiva. Temos de nos lembrar de que há mais a nos unir do que a nos dividir. Afinal, o que são os Estados Unidos se não a startup mais bem-sucedida da história?

Esse relacionamento não será, usando o bordão do Vale do Silício, "livre de atritos". Não vamos limar todos os regulamentos entediantes dos livros nem chegar a um consenso perfeito sobre quando e como as empresas devem compartilhar os dados privados de seus clientes com as agências nacionais de informação. Entretanto, conforme a tecnologia se entrelaça cada vez mais ao governo, uma relação forte e produtiva entre empreendedores e administração pública se faz necessária.

Por fim, para que ambos os lados contribuam para o país – com empregos, serviços e valores –, precisamos parar de menosprezar os trabalhos uns dos outros. As melhores respostas a nossos problemas não nascerão no Salão Oval ou em uma garagem de Palo Alto. Surgirão, como muitas de nossas ideias mais inovadoras, de conexões entre pessoas diferentes, em lugares diferentes, valendo-se de uma abundância de perspectivas diferentes.

UMA MENSAGEM PARA VOCÊ

E agora me dirijo a você. Se está lendo este livro, é claro que se importa com o futuro do empreendedorismo e com o potencial da terceira onda. Você é estimulado por ideias. Quanto mais, melhor. E talvez você tenha uma ideia só sua. Se você continua lendo este livro, é porque eu, muito provavelmente, ainda não lhe ofereci uma pista de como transformar essa sua ideia em realidade. Caso esteja de fato interessado em dar esse salto empreendedor, peço licença para lhe dar o empurrão inicial.

Quando estava me formando na faculdade, sem noção do que faria na vida, me inscrevi em algumas escolas de negócios. Elas pediram uma declaração pessoal, então escrevi:

> Acredito piamente que os avanços tecnológicos na comunicação estão à beira de alterar nosso modo de vida. Inovações em telecomunicações (especialmente sistemas a cabo de ida e volta) farão com que nossos aparelhos de televisão se tornem tábua de salvação da informação, jornal, computador, escola, urna eleitoral e catálogo.
> Claramente, isso terá um efeito drástico sobre a publicidade, assim como as mudanças nos números, idade e hábitos de trabalho da população norte-americana. As novas tecnologias fragmentarão o público interno e permitirão que publicitários e agências escapem da rigidez de formatos comerciais e desenvolvam meios de comunicação apropriados para anunciantes individuais e seu público-alvo. Técnicas de teste mais sofisticadas em medição de persuasão e efetividade terão de ser desenvolvidas para aproveitar a capacidade que os publicitários terão de isolar grupos específicos de clientes.
> Acima de tudo, a indústria deve aperfeiçoar executivos que compreendam as pessoas que vivem em uma sociedade eletrônica e o que as motiva, além da habilidade de antecipar problemas que precisam ser resolvidos.

Eu achava que tudo isso fazia muito sentido quando escrevi o texto nos anos 1980. Mesmo assim, todas as escolas de negócios nas quais me inscrevi não me aceitaram.

No entanto, as tendências sobre as quais escrevi há quase 40 anos se provaram precisas. Hoje em dia, avanços tecnológicos em comunicação não estão "à beira" de alterar nosso modo de vida – eles já o transformaram. A internet não teve apenas um "efeito drástico" sobre a publicidade – ela revolucionou a maneira como as empresas interagem com os consumidores. Mais do que nunca, é essencial que cada setor crie executivos que entendam as pessoas que vivem em uma sociedade eletrônica e antecipem problemas que precisam ser resolvidos.

É aí que você entra. Eu tive a sorte de ajudar os Estados Unidos a se tornar online. É sua responsabilidade colocar seu país – e o mundo – nos trilhos, rumo à terceira onda e além. Você tem de ajudar a conduzir os próximos avanços. Para ser sincero, sinto um pouco de inveja. Nunca houve experiência mais gratificante ou estimulante – sobretudo agora, conforme a terceira onda cria a possibilidade de uma mudança tão significativa.

Esse momento histórico deve calar fundo no inovador que existe em você, aquele que se recusa a aceitar o mundo como é. Esse momento invoca a urgência de explorar, questionar, quebrar barreiras. É uma urgência que eu lhe sugiro acatar, seja você um empreendedor serial, seja um executivo corporativo em dúvida se deve ou não mergulhar na onda.

Haverá dores de cabeça e sofrimento – isso eu garanto. Os opositores lutarão contra tudo. No entanto, são as mesmas pessoas que viram os primeiros automóveis em 1896 e zombaram: "Arranje um cavalo".[3] São as mesmas que não sabiam pronunciar a palavra "internet" e nunca acharam que precisariam saber. A função que você tem a desempenhar – sua única função – é permanecer incansavelmente concentrado na voz que diz que tudo pode ser feito. Ou, como disse Nelson Mandela em outro contexto, "sempre parece impossível até ser feito".

Sim, o futuro é incerto – e é isso que o torna tão emocionante. E, sim, ele será difícil. Daí a importância de lembrar o que Teddy Roosevelt disse um século atrás:

> Não é o crítico que importa. [...] O crédito pertence ao homem que está de fato na arena; àquele cuja face está arruinada pela poeira, e pelo suor, e pelo sangue; àquele que luta com valentia; àquele que erra e tenta de novo e de novo; àquele que conhece o grande entusiasmo, a grande devoção e se consome em uma causa justa; àquele que ao menos conhece, ao fim, o triunfo de sua realização; e àquele que, na pior das hipóteses, se falhar, ao menos falhará agindo excepcionalmente, de modo que seu lugar nunca seja junto às almas frias e tímidas que não conhecem nem vitória nem derrota.

Então, feche este livro. Pegue seu celular, seu caderno de anotações ou até seu maçarico, se estiver se sentindo ambicioso. Entre em ação. Seja destemido. Você pode fraquejar, mas vai se reerguer. Continue. Siga se movimentando, até tarde da noite, depois que as crianças dormirem. Construa algo de que se orgulhe, mas que não o satisfaça o bastante a ponto de parar de sonhar com o que vem a seguir. Entre na arena. Derrube um império e construa outro, só seu, a partir do zero.

O mundo está esperando. E você?

AGRADECIMENTOS

Este é meu primeiro livro. F. Scott Fitzgerald uma vez disse: "Não se *escreve* por se querer dizer alguma coisa; *escreve-se* porque se tem alguma coisa a dizer". Eu resisti às oportunidades de escrever a história da AOL ou da internet porque sempre me interessei mais pelo futuro do que pelo passado. O ímpeto de enfim partir para o papel e a caneta foi o reconhecimento de que a terceira onda da internet provavelmente será muito semelhante à primeira. Assim que percebi que o futuro estará carregado de informações do passado, entrei no projeto com vigor.

Depois de esperar duas décadas para publicar um livro, eu me sentia pressionado a dar meu melhor. Sabia que não chegaria muito longe sozinho, então reuni uma equipe de craques para receber minhas ideias e colocá-las em prática.

Tudo começou com Walter Isaacson. Eu o conheço há mais de 20 anos, e tivemos a ideia de escrever um livro juntos seis anos atrás, quando pegamos o mesmo avião. Pouco tempo depois, ele recebeu de Steve Jobs a encomenda de uma biografia autorizada (*Steve Jobs: A Biografia*) e mais tarde lançou *Os Inovadores* (ambos Companhia das Letras), sua versão sobre a revolução digital. Quando lhe contei que ia escrever *A Terceira Onda da Internet*, Walter imediatamente ofereceu ajuda. Ele se tornou o primeiro leitor de meu rascunho inicial, e seus comentários foram fundamentais. Também se ofereceu para escrever o prefácio, pelo que sou muito grato.

Sempre acreditei na sabedoria do povo, então pedi a dezenas de amigos que lessem várias versões deste livro. Esta obra "colaborativa" só ficou melhor por causa dos insights dessas pessoas. Algumas passaram horas e horas me ajudando nessa jornada jornalística, e seus comentários detalhados, francos, foram incrivelmente úteis. Meu amigo de longa data (e antigo membro do conselho da AOL) Colin Powell recomendou contar mais histórias a fim de dar vida ao livro ("mais sinos no pescoço da vaca", pedia ele). Tom Tierney deu sugestões organizacionais valiosas, ajudando a aperfeiçoar a estrutura narrativa (o que é um tanto óbvio, já que ele havia sido CEO da Bain). Ted Leonsis, grande amigo e parceiro há mais de duas décadas tanto na AOL como na Revolution, fez ótimas observações a respeito de nossas muitas experiências compartilhadas. David Petraeus deu pareceres afetuosamente duros ("Peça a opinião de um soldado e é isso que receberá", disse-me depois de ler minha primeira versão). Brad Feld trouxe uma perspectiva empreendedora na qualidade de cofundador da Techstars (e autor de vários livros sobre startups): ele me ajudou a formular um apelo por uma nova era de empreendedores. O sempre diligente Don Graham mandou sugestões em quase todas as páginas, reflexo de toda uma vida de experiência empresarial e editorial. Ross Baird esteve comigo em todas as viagens de ônibus da ascensão do restante e contribuiu com reflexões sobre empreendedorismo regional e inclusivo. O antigo empreendedor e hoje congressista John Delaney forneceu perspectivas únicas sobre maneiras de o governo destravar a inovação empresarial, de uma forma que só quem percorreu os dois mundos conseguiria. Isso também aconteceu com Todd Park, empreendedor serial que serviu à Casa Branca como diretor de tecnologia, e Frank Raines, colega de longa data que dirigia o Departamento de Administração e Orçamento na última vez que o país equilibrou sua economia. Jon Hunstman trouxe uma perspectiva global, e seus comentários (adequadamente enviados enquanto ele viajava pelo Oriente Médio) me lembraram de que muitos países descobriram que os "ingredientes secretos" que haviam impulsionado os Estados Unidos à grandeza eram inovação e empreendedorismo. Dominic

Barton, diretor global de gestão da McKinsey & Company, ofereceu perspectivas estratégicas valiosas, especialmente a respeito dos desafios que as empresas listadas na *Fortune 500* enfrentam em um mundo em ruptura. E Norm Augustine, antigo CEO da Lockheed Martin, dividiu noções fundamentais sobre a necessidade de unir o mundo dos negócios e o do governo.

Essas foram só algumas das dezenas de pessoas que consultei conforme refinava e aprimorava este livro. Sou muito grato pelo feedback generoso e construtivo que recebi de amigos como David Agus, John Bridgeland, Warren Buffett, Steve Clemons, Tom Davidson, Jiggs Davis, Doug Holladay, Jeff Immelt, Michael Lynton, John McCarter, Lenny Mendonca, Kristin Groos Richmond, David Rubenstein, Sheryl Sandberg, Marc Seriff, Jim Shelton, Peter Sims, David Skorton, Michael Smith, Alan Spoon, Kirsten Saenz Tobey e Sheel Tyle, bem como os tantos colegas da Revolution e da Case Foundation, que compartilharam suas observações, incluindo Philippe Bourguignon, Erich Broksas, Donn Davis, David Golden, Sheila Herrling, Scott Hilleboe, Evan Morgan, Brian Sasscer, Tige Savage e Clara Sieg.

Eu não poderia ter escrito este livro sem a ajuda da magnífica equipe que reuni, liderada pelo tão capacitado Ron Klain. Esse esforço beneficiou-se enormemente da orientação e do pulso firme de Bob Barnett. Muito do trabalho pesado foi feito por Dylan Loewe e pela equipe da West Wing Writers. Eles vasculharam as centenas de palestras e entrevistas que dei ao longo dos anos, suplementaram-nas com pesquisas para dar consistência aos pontos-chave e desempenharam papel fundamental na organização do livro. Allie Burns, Marissa Hopkins Secreto, Herbie Ziskend e Andria Kolesnikoff foram membros preciosos da equipe central, esforçando-se para tornar o livro interessante e maximizar a probabilidade de atingir um público amplo. A Simon & Schuster também exerceu papel essencial. Tive a oportunidade de me reunir com uma série de editores para discutir o texto, mas instantaneamente me identifiquei com John Karp e Ben Loehnen, cujos incentivos e impressões foram importantes durante o processo de escrita.

Nos últimos dez anos, me encontrei com milhares de empreendedores. Fui inspirado por suas histórias e me impressionei com suas aspirações. Desde seu lançamento, há pouco mais de dez anos, minha empresa de investimentos, a Revolution, teve o grande privilégio de endossar cerca de cem empresas. Agradeço aos fundadores que nos escolheram como parceiros; aos colegas investidores que nos ajudaram a ajudar os empreendedores a transformar seus sonhos em grandes empresas; aos milhares e milhares de funcionários que potencializam esses negócios todos os dias; e às dezenas de milhões de consumidores que compraram seus produtos ou contrataram seus serviços. Sempre dizemos que investimos em pessoas e ideias que podem mudar o mundo. Tanto na Revolution como na Case Foundation, somos movidos pela oportunidade de causar impacto.

Mencionei no início que fui inspirado pela leitura de *A Terceira Onda*, de Alvin Toffler, quando estava na faculdade, nos anos 1980 – tanto que decidi prestar uma homenagem ao usar o mesmo título para sua versão 2.0. Meu sonho é que os jovens leiam este livro e também se inspirem.

Agradeço, é claro, à família. Conheci minha esposa, Jean, quando ela fez uma entrevista de admissão na AOL em 1988. Sou grato por ela ter-se deixado convencer a deixar a GE para unir-se à startup. Desde então, Jean desempenhou um papel fundamental no crescimento da AOL – e em minha vida. Ela também foi minha conselheira mais próxima e mais criteriosa ao longo da produção deste livro e brilhantemente lidera a Case Foundation desde seu lançamento, há cerca de 20 anos. Agradeço a meus pais, Dan e Carol Case, que me apoiaram durante os vários altos e baixos, e a meus irmãos Carin e Jeff – a meu falecido irmão Dan, essencial em meu crescimento como empresário (além de sua esposa, Stacey, que se desdobrou para conseguir preencher o vazio deixado por ele). Agradeço a meus três filhos, Everett, Annie e Katie, bem como a minhas duas enteadas, Nikki e Katie – sou grato por eles serem tão bem-sucedidos hoje, como adultos (#MuitoOrgulhoso). Também estou em dívida com minha ex-mulher, Joanne

Braker: ela me apoiou nos primeiros anos da AOL e foi crucial na criação de filhos maravilhosos.

Eu não teria uma história para contar se não fosse a equipe que deu vida à AOL. Sempre estarei em dívida com meus cofundadores, Jim Kimsey e Marc Seriff, e com as dezenas de pioneiros que ficaram conosco durante os difíceis anos iniciais, bem como com as centenas e depois milhares de pessoas que se juntaram ao time após a expansão da empresa. Quando começamos, em 1985, apenas 3% das famílias norte-americanas tinham internet, e a maioria das pessoas não via necessidade de adquiri-la.

Em 2000, quando me tornei CEO (para facilitar a fusão com a Time Warner), a internet amadurecera, e quase metade de todo o tráfego digital dos Estados Unidos fluía pela AOL. Nada disso seria possível sem nossa incansável equipe. Aprendi em primeira mão que o empreendedorismo é um esporte coletivo, e nós certamente montamos um *dream team.*

Também quero agradecer às dezenas de milhares de pessoas que acreditaram na AOL e se uniram a nós conforme buscávamos inserir os Estados Unidos no mundo online. Obrigado por darem uma chance aos CDs grátis da AOL! Nunca teríamos conseguido sem seu apoio. Sua crença tornou essa história possível.

Por fim, quero agradecer à próxima geração de empreendedores, que vem mexendo seus pauzinhos em escritórios modestos e fundos de garagem. Eles me dão a esperança de que *A Terceira Onda da Internet* marcará uma nova era de inovação e que, por meio de seu esforço, os Estados Unidos poderão, de fato, permanecer como a nação mais empreendedora do mundo.

NOTAS*

2 TORNANDO A AMÉRICA ONLINE*

1. Veja<http://ir.timewarner.com/phoenix.zhtml?c=70972&p=irol-faq>. AOL went public, de 19 mar. 1992.

2. <http://www.cbsnews.com/news/the-day-america-online-went-offline-in-1996/>, de 5 fev. 2015.

3 A TERCEIRA ONDA

1. <http://www.mckinsey.com/business-functions/digital-mckinsey/our-insights/the-internet-of-things-the-value-of-digitizing-the-physical-world>, jun. 2015.

5 OS TRÊS PS

1. <http://techcrunch.com/2011/09/14/elon-musk-starting-a-company-is-like-staring-into-the-face-of-death/>, jun. 2015.

7 A ASCENSÃO DO RESTANTE

1. <http://americanunderground.com/1-billion-6-exits-24-mos-durham-nc/>, de 23 abr. 2015.

2. <http://www.kauffman.org/what-we-do/resources/entrepreneurship-policy-digest/the-importance-of-young-firms-for-economic-growth>, de 13 set. 2016.

---

* Todos os sites indicados foram acessados novamente em 30 nov. 2016. [N. E.]

3. <http://www.datacenterresearch.org/reports_analysis/economic-timeline/>, de 4 ago. 2010.
4. <http://www.ncdc.noaa.gov/extremeevents/specialreports/Hurricane-Katrina.pdf>, de 29 dez. 2005.
5. Ibid.
6. <http://www.nola.com/futureofneworleans/2015/07/future_new_orleans_entrepreneu.html>, de 2 jul. 2015.
7. <http://bits.blogs.nytimes.com/2015/06/28/new-diversity-reports-show-the-same-old-results/>, de 28 jun. 2015.
8. <http://www.si.edu/Exhibitions/Details/Places-of-Invention-4626>, 1 jul. 2015.

9 UMA QUESTÃO DE CONFIANÇA

1. <http://abcnews.go.com/Business/Decade/aol-buys-time-warner-162-billion/story?id=9279138>, 10 jan. 2000.
2. <http://archive.wired.com/wired/archive/7.10/aoldata.html>, de 1 out. 1999.
3. <http://w3.nexis.com/new/docview/getDocForCuiReq?oc=00240&lni=4S33-6N40-TX4X-W0GM&perma=true&csi=8399&secondRedirectIndicator=true>.
4. <http://w3.nexis.com/new/docview/getDocForCuiReq?oc=00240&lni=3T4V-0260-008R-F2RV&perma=true&csi=8399&secondRedirectIndicator=true>.
5. <http://money.cnn.com/2000/01/10/deals/aol_warner/>, de 10 jan. 2000.
6. <http://www.timewarner.com/newsroom/press-releases/2000/01/10/america-online-and-time-warner-will-merge-to-create-world-s-first>, de 10 jan. 2000.
7. <https://www.cnet.com/news/nasdaq-5000-ten-years-after-the-dot-com-peak/>, de 10 mar. 2010.
8. De <http://papers.ssrn.com/sol3/papers.cfm?abstract_id= 776228>, citado no livro de Nina Munk, *Fools Rush In*. Aparentemente na página 277 da edição publicada em 2004.

10 A MÃO VISÍVEL

1. <http://nuclearfutures.princeton.edu/courses/wws353/>, outono de 2015.
2. Ibid.
3. <http://www.nrl.navy.mil/accomplishments/systems/radar/>.
4. <https://www.asis.org/Bulletin/Oct-99/fox.html>, out./nov. 1999.
5. <http://www.faseb.org/portals/2/pdfs/opa/2008/nih_research_benefits.pdf>, maio 2000.
6. <https://www.asis.org/Bulletin/Oct-99/fox.html>, out./nov. 1999.
7. <https://www.nsf.gov/discoveries/disc_summ.jsp?cntn_id=100660>, de 13 mar. 2009.
8. <http://www.businessinsider.com/heres-everywhere-uber-is-banned-around-the-world-2015-4>, de 8 abr. 2015.

11 OS ESTADOS UNIDOS PÓS-RUPTURA

1. <http://www.politico.com/agenda/story/2015/06/kevin-ashton-internet-of-things-in-the-us-000102>, de 29 jun. 2015.
2. <http://www.usatoday.com/story/news/nation/2014/04/23/nih-budget-cuts/8056113/>, de 23 abr. 2014.
3. <http://www.washingtonpost.com/national/health-science/budget-sequester-squeezes-scientists/2013/09/24/a88f3686-1caa-11e3-82ef-a059e54c49d0_story.html>, de 24 set. 2013.
4. Ibid.
5. <http://www.huffingtonpost.com/2014/01/03/science-sequestration_n_4536209.html>, de 3 jan. 2014.
6. <http://www.washingtonpost.com/wp-dyn/content/article/2007/01/03/AR2007010301402.html>, de 3 jan. 2007.

7. <http://www.judiciary.senate.gov/imo/media/doc/2-13-13CaseTestimony.pdf>, de 13 fev. 2013.
8. <http://www.nytimes.com/2009/10/25/us/25donate.html>, de 25 out. 2009.
9. <http://stage2013.kauffman.org/newsroom/2012/11/immigrant-entrepreneurship-has-stalled-for-the-first-time-in-decades-kauffman-foundation-study-shows>, de 10 fev. 2012.
10. <http://articles.economictimes.indiatimes.com/2014-04-11/news/49058680_1_advanced-degree-exemption-uscis-h-1b-petitions>, de 11 abr. 2014.
11. <http://www.newyorker.com/magazine/2012/08/27/the-track-star-economy>, de 27 ago. 2012.
12. <http://www.leaderpost.com/business/immigration+loss+Canada+gain/10127038/story.html>.
13. <http://www.nytimes.com/roomfordebate/2013/01/21/the-effects-of-chinas-push-for-education/educated-workers-are-good-for-china-and-the-rest-of-the-world>, de 21 jan. 2013.
14. <http://ventureburn.com/2014/02/russias-entrepreneurial-landscape-according-to-ernst-young-ew/>, de 4 fev. 2014.
15. <http://www.economist.com/node/21548263>, de 25 fev. 2012.

12 SURFE A ONDA

1. <http://main.wgbh.org/imax/shackleton/sirernest.html>.
2. <http://www.newyorker.com/magazine/2013/05/27/change-the-world>, de 27 maio 2013.
3. <http://books.google.com/books?id=qNVrfoSubmIC&printsec=frontcover&dq=why+the+west+rules+for+now&hl=en&sa=X&ei=6jl-VO-9NpGSyAS034HgBA&ved=0CB4Q6wEwAA#v=onepage&q=%22Get%20a%20horse%22&f=false>.

ÍNDICE REMISSIVO